惜しい子育て

経験させるだけで満足していませんか？

21世紀型スキ
身につく
しつもんメソ

JN063678

つもんメンタル
レーニング代表
藤代圭一

GB

はじめに
経験から学べる子どもと、そうでない子どもの違いは何か？

もしあなたが「感謝することの大切さ」を子どもに伝えたいとしたら、どのように伝えますか？

「もっと感謝しなさい！」

これはあまりにもストレートすぎて、多くの子どもは見逃してしまうか、本当の意味での「感謝」を持ち合わせないまま、表面的にお礼や挨拶をするにとどまってしまうかもしれません。

「もっとも感謝を伝えたい人はだれがいる？」

そう問いかけると、子どもは感謝を伝えたい相手とその伝え方について考え始めます。

でも、ここでぼくたち大人に必要な姿勢は、「だれもいない」という答えも同時に受け止めること。ぼくたち大人が思い描く「正解」に誘導しようとするしつもんは、子どもたちにすぐに見透かされ、信用を失います。

ぼくは実際に自分の五感を総動員して体験すること。そして、その体験をふりかえる「しつもん（リフレクション）」をすることが重要だと考えています。「体験するだけ」では、自分のことばや意味に変えることは難しいもの。**ぼくたちはたくさん「失敗」をするのに、失敗について自分のことばで話せる人もいれば、そうでない人もいます。すべてを言語化する必要もないけれど、その違いは、実際に「体験」し、「体験をふりかえる時間（リフレクション）」を作っているかどうかです。**

あるサッカーチームは、東日本大震災が起きた2011年から毎年、石巻、女川に行き、被災地を訪問しています。そこで、現地の人に話を聞き、変わってしまった風景を見て、肌で感じてもらい、「感謝って何だろう？」と子どもたちに問いかけています。

また、多くのサッカーチームがスペインへ海外遠征に出かけるなか、ロシアに行くチームがあります。飛行機ではなく、船で数日かけて向かい、不便さを体感するのです。日本の恵まれている環境でスポーツができていることとのギャップを体感した後で、「感謝って何だろう？」と子どもたちに問いかけます。

もしかしたらそこで「何も感じない」こともあるかもしれません。けれど、都会や日常に戻り「何もかもがそろっている社会」とのギャップを感じ、「普通とは何か？」「自然とは何か？」という新しい問いが生まれる可能性もあります。

多くのお母さんが今日も「テレビばっかり見てないで、勉強しなさい！」と我が子に叫んでいます。地域のグラウンドに足を運べば「何度言ったらわかるんだ！」と監督が檄を飛ばしています。だけど、子どもの行動は一向に変化する兆しがありません。

子どもたちの多くは、勉強やプレーなど「実際に体験」していることがたくさんあります。少なからず失敗も成功も経験しているし、成長を感じていることだってあるはずです。けれど、経験から学んでいる子どももいれば、そうでない子どももいる。その違いはどこにあるのでしょうか？

経験から学ぶためには、４つのサイクルを回す必要があります。人は①経験し、②それをふりかえり、③何らかの教訓を引き出して、④次の状況に応用することで学び成長していきます。このサイクルが適切に回っている子どもは、経験からよく学ぶことができるのに対し、「ふりかえり」や「教訓を引き出す」ことを実践していない子どもは、経験からの学びが少なくなります。

つまり、経験を積むだけではなく、そこからいかに教訓を引き出すかが重要なのです。

●経験から学ぶ力とは？

自己紹介が遅れました。メンタルコーチの藤代圭一です。

地域で1勝を目指す選手から日本代表選手まで多くの子ども・選手とご縁をいただいてきたなかで、経験から学んでいる子どももいれば、そうでない子どももいることに気づきました。同じ「経験」をしているにもかかわらず、成長に生かせる選手もいれば、そうでない選手もいるのです。次の2人の例でご説明しましょう。

あるサッカーチームに所属するAくんとBくん。2人はスペインへの海外遠征の経験を経て、いまも同じチームでサッカーを続けています。ところが、帰国した後の2人には意識と行動に大きな差が生まれていたのです。

フォワードとして活躍するAくんは**「チームメイトと一緒に成長したい」**という思いが強い傾向にあります。彼は、うまくいかないときは「どうしてうまくいかなかったのか？」、うまくいったときには「どうしてうまくいったのか？」について考え、**自分の取り組み方をふりかえりながら、さらに成長するための方法を探して**きました。また、**強敵とされる対戦相手にも果敢にチャレンジし、工夫して取り組むことに楽しさを見つけ出して**います。**悩んだときには、コーチや両親、チームメイトに相談**し、厳しいアドバイスも含め、素直に耳を傾ける姿勢を持ち、さまざまな人との交流によって自信過剰になっていることに気づかされたり、励まされたりと、刺激を受けています。

一方、Bくんは**「他人に負けないこと」**にこだわるミッドフィルダーです。**コーチや両親のアドバイスにあまり耳を傾けず、自分のやり方に固執**し、最近は伸び悩んでいます。**力の劣る対戦相手の前ではよいプレーを見せ**たり、うまくいっていることが続いているときはプレーも調子がよいのですが、ムラがあり、一度調子を落とすとなかなか立て直すことができません。また、スキル習得の難しい練習には消極的です。試合に勝っているときは楽しいと感じるのですが、**負けが続いている最近は、サッカーのおもしろさを感じることができない**でいます。

同じサッカーチームの2人。Aくんのほうが Bくんよりも周囲からの評価が高く、成長していることはすぐにわかっていただけると思います。では、2人の違いは何によって生まれたのでしょうか？　AくんとBくんの違い、それは「経験から学ぶ力」を持っている子と、持っていない子の違いなのです。太字にした部分を見比べてみましょう。

・強敵とされる対戦相手にも果敢にチャレンジする（Aくん）

・力の劣る対戦相手の前ではよいプレーを見せる（Bくん）

まず、成長するために欠かせないのは、力の勝る相手やまだ習得していないスキルに積極的に取り組む姿勢です。なぜなら、それによって新しいスキルや知識を習得することができるからです。Aくんが難易度の高い相手やスキルにも積極的にアプローチしているのに対し、Bくんは力の劣る相手やできることしかやらない傾向があります。難しいことや新しいことに挑戦する姿勢が成長のための第一歩といえます。

・自分の取り組み方をふりかえりながら、さらに成長するための方法を探す（Aくん）

・自分のやり方に固執する（Bくん）

いくら難しいことにチャレンジしても「やりっぱなし」では成長はできません。自分自身のスポーツに対する取り組み方をふりかえり、そこから教訓を得て、次に生かすことが大切です。Ａくんは「どうしてうまくいかなかったのか？」「どうしてうまくいったのか？」について自分の頭で考え、しっかりとふりかえりができています。これに対し、Ｂくんの自分のやり方にこだわって耳を傾けない姿勢は、彼の成長を阻害するものといえます。

・工夫して取り組むことに楽しさを見つけ出している（Ａくん）
・負けが続いている最近は、サッカーのおもしろさを感じることができない（Ｂくん）

Ａくんは工夫次第で自分のプレーができることに楽しみとやりがいを感じて、どんな難しい対戦相手にも積極的にアプローチしています。これに対し、Ｂくんは負けが続き、最近サッカーにおもしろさを感じられないようです。どんな状況でも自分なりの理由や意義を見つけ出すことができるかが、人の成長を左右するといわれています。

・チームメイトと一緒に成長したい（Ａくん）
・他人に負けないことにこだわる（Ｂくん）

ここでいう思いやこだわりは「スポーツをする上で大切にしたいことは何か？」という問いの答えでもあり、大切にしている考え方ともいえます。適切な価値観を持つと、成長をより加速することができます。「チームメイトと一緒に成長したい」という思いを持つAくんは、自分の成長とチームメイトの成長の両方を大切にしていることがわかります。一方で「他人に負けないこと」にこだわるBくんの関心は、自分にのみ向けられています。自分への思いと同時に他者への思いを強く持っている人は、前向きに難しいことに挑戦し、自分をふりかえり、やりがいを感じることができます。

・悩んだときには、コーチや両親、チームメイトに相談する（Aくん）
・コーチや両親のアドバイスにあまり耳を傾けない（Bくん）

壁にぶつかったときにアドバイスをくれる他者がいるかどうか。そして、その助言に素直に耳を傾けているかどうかが人の成長を左右します。このとき大切なことは、自分と価値観の異なる考え方にも耳を傾ける姿勢。チームスタッフに限らず、他チームのコーチや地域の人とのかかわりはその意味でも重要です。

厳しいアドバイスも含めて、耳を傾けているAくんに対し、かかわり自体が乏しく、そして耳を傾けないBくんは、自分の選ぶ行動に不安を抱えてもいます。信頼できる他者とのつながりを持っているかどうかは人の成長を大きく左右します。

同じ「経験」をしているにもかかわらず、その経験から学べる子どももいれば、そうでない子どももいるのです。その違いは「経験から学ぶ力」から生まれます。『経験学習入門』の著者である松尾睦さんは経験から学ぶ力についてこう解説しています。

適切な「思い」と「つながり」を大切にし、「挑戦し、ふりかえり、楽しみながら」仕事をするとき、経験から多くのことを学ぶことができます。

これは子どもや選手にも当てはまります。スポーツや活動に対して「どんな自分になりたいか」「どんなことを実現したいか?」「どんなことを大切にしたいか?」といった目的や目標、信念（思い）を持ち、チームや学校、地域の人と「よい関係」を築き（つながり）、それをベースにして高い目標に向かって挑戦し（ストレッチ）、アクションを起こしている最中や起こした後に、何が良かったのか、何が悪かったのかふりかえりながら（リフレクション）、スポーツや活動のなかにやりがいや意義を見いだして楽しんでいるとき（エンジョイメント）、子どもたちは経験から多くを学ぶことができます。

●経験から学ぶための3つの要素とその原動力

ストレッチ、リフレクション、エンジョイメントの3つの要素は子どもが持っていない知識やスキルを獲得することを促します。そして、3つの要素を高める原動力となるのが「思い」と「つながり」です。

子どもはもちろん、ぼくたち大人も関係性を通して成長し、スポーツや仕事への思いを醸成していきます。スポーツに対する「思い」と、他者との「つながり」は高い目標に挑戦する気持ちを高め、取り組み方についてふりかえることを促し、スポーツや活動をする意義やおもしろさを感じるきっかけを作ってくれます。それぞれの要素がつながり合い、循環しているのです。

ストレッチとは、問題意識を持って挑戦し、新しい課題に取り組む姿勢を指します。できることばかりに取り組んでいると、新しい知識やスキルを身につける必要がないから成長することができません。

リフレクションとは、ふりかえりのこと。ふりかえりは、練習後や試合後だけではなく、練習や試合の最中にもリアルタイムで行うことがとても重要です。「どうしてうまくいかないのか？」「どうすればうまくいくのか？」「この方法のままでよいのか？」など、さまざまな経験から多くの教訓を引き出し、問題の本質を見つけていきます。

エンジョイメントとは、ことば通りに楽しむこと。自分が取り組むものごとにやりがいや意義を見つける姿勢で、基礎的な練習など一見つまらないことや地味なものごとにも楽しみを見つけ出すことです。

しかし、子どもが自分の力だけで経験を成長に変えるのはなかなか難しく、多くは経験するだけに終わっているのが現実。自身で「考え、学び、教訓見つけ出し、次に生かす」という成長サイクルを身につけるまで、「あと一歩」届いていないことが多いのです。

自分自身で主体的に経験から学ぶことが基本ですが、コーチや先生、両親によって「導かれる」ことも多くあり、本書でご紹介する「しつもん」もその手法のひとつ。メンタルコーチとして多くの子どもや選手とかかわってきた経験をもとに、「経験」から学びを引き出す方法について、わかりやすく解説していきます。

序章

「経験から学ぶ」とは何か?

遊びと練習の違いを伝えられますか？

子どもの経験には、大きく分けて「遊び」と「練習」の2つの種類があります。「遊び」とは、自由でのびのびとした経験。「練習」は、成果を得ることを目的とした経験です。

小さい子どもたちのかけっこを想像してみてください。同じように走り回るという行動でも、友だちとかけっこにただただ夢中になって「遊んで」いるのと、何かの目的のためにかけっこをして「練習」をしているのとでは、行動の本質が違っていますよね。

「キッザニア東京」の創業に携わったしみずみえさんが、著書のなかで「子どものためを思ってやっているだけで、遊ぶことを否定する気持ちはまったくありません。けれど結果として、子どもの遊びのかたちを、〝自由でのびのびしたもの〟から、〝目的のためにきちんと取り組むもの〟へと、変えてしまっているのです。（中略）子どもたちにとって、「何かを学ぶ」ことは目的ではなく、自由に楽しく遊ぶことが目的。**学びや成長は、後からついてくる結果に過ぎないのです**」と述べているように、練習のつもりなどなかったのに、大人から「練習になったよね」と言われたら、やる気を失い、子どもが自分から何かを得るチャンスを奪う結果になりかねません。

遊びはそれ自体が目的

「遊び」というのは、子どもが自由にのびのびとするもの。その場に集まった年齢や能力の異なる子どもと一緒に自由に行えるから楽しいのです。だからこそ、遊びの感想は「楽しい」だけでいい。大人はそういった単純な感想を聞くと「そこから何を学んだか」を期待しますが、「楽しい」という単純な感想をまず受け止めることが大切です。**遊びは、遊びそのものが目的であり、必ずしも成果があるものではありません。自由に遊び、楽しいと思える体験をした、ということがとても重要なのです。**成果を求めるなら最初から遊びではなく、目的を持った「練習」を提案するのがよいでしょう。

8月の3週間だけオープンする子どもたちが創る街「ミニ・ミュンヘン」を訪れたときのことです。キッザニアも参考にしたといわれる仮設都市で、子どもたちはここで「遊び」「働き」「学び」ます。スタディツアーの参加者が「子どもたちはここでどんな学びがありますか？」と創設者にしつもんしたところ、ぼくたちはお説教されてしまいました。**自由に遊ぶこと自体がミニ・ミュンヘンの目的であって、成長や成果は後からついてくるというのが「遊びの本質」だからでした。**

経験には種類がある

遊びも練習も経験ですが、**経験の種類で分類すると、遊びは「生まれる経験（非構成的経験）」で、練習は「つくる経験（構成的経験）」となります。**

つまり、遊びは遊びそのものが目的で、練習は一定の成果を目的とした経験。

この2つの差を理解していないと、大人は「ただ遊んだだけ?」と考えてしまいますが、本人が自由にのびのびと遊ぶことが目的なら、達成できたかどうかの評価基準もなく、成功も失敗もありません。

目的を持っていた場合は、目的を果たせたかどうかでその体験の成否の判別があります。「ある技術を習得する」という目的で行った練習で、その技術を身につけることができれば目的達成で、子ども自身にも非常にわかりやすいものです。

実際には遊びだったとしても、チャレンジしてもできなければ「悔しい」という気持ちが生まれ、「次はもっとできるようになりたい」と目標を持つこともあります。ですから、最初は遊びの体験を通じて、本人の自由な感想を聞くことが大切です。それが、後の成長にもつながります。

経験をふりかえって整理する

だれでも初めて体験することはなかなかうまくできないもの。子どもも同様で、練習でも同じことがいえます。たとえば、キャッチボール。手にしたボールはどれだけ弾むのか、どれだけの力で投げればいいのかなどは、ひとつずつ体験を重ねて学習していきます。**実際に経験してふりかえり、どうすれば成功し、どうすれば失敗するのかを理解をすることが経験を整理するということ。これが、「はじめに」でもお伝えしたリフレクション（3ページ）です。経験してても整理をしなければ、次には生かせません。**

この経験の整理は、練習だけでなくすべてのことに通じます。

練習は目的がはっきりしているので、とくにこの経験を整理する方法を学ぶのに適したやり方。技術を習得するためには何をどうすればよいかが理解しやすいからです。

経験を整理する第一歩は、結果をふりかえり、正確に受け止めること。次は、なぜそうなったかの原因探しです。「緊張した」ために「体が思うように動かなかった」など、正直に、そして具体的にしていくのがポイント。理由が具体的になれば、最後の「そのときどうすればよかったのか」はすぐに導き出せるようになります。

3つの経験の使い方

経験には構成的経験と非構成的経験がありますが、その使い方には3つの方法があります。**ひとつ目が「目的としての体験」。経験すること自体が目的のものを指します。**わかりやすくいえば「サッカーに興味がある子にサッカーをする機会を作る」という、経験自体が目的のもの。まずは「どんなものか」を体験してみることで、ここでは「楽しかった」などといったシンプルな感想であってもまったく問題ありません。

2つ目が「メッセージとしての経験」。これは食品店の試食コーナーを例に挙げましょう。**食品メーカーが試食品をお客様に提供し、味わってもらうのは、「おいしい！」という感想を持ってもらい、購入してほしいからです。**これがメッセージとしての経験です。

3つ目が、「プロセスとしての経験」。これは2つ目の「メッセージとしての経験」との中間にあたるもので、経験の後に問いかけることで多様な学びを引き出します。試合に負けたという経験の後に「そのなかでうまくいったことは何があった?」と問いかければポジティブな面に光を当て、「どうすればよりよくなると思う?」と問いかければアイデアや改善策を引き出すことができます。

①目的としての経験

「目的としての経験」においていちばん大切なことは、自由にのびのび「遊ぶ」こと。そのため、しつもんもシンプルに「どうだった？」で十分。

「楽しかった」「悔しかった」「おもしろくなかった」「怖かった」「何も感じなかった」など、初めての体験に対しての感想は子どもによってさまざま。しかし、それらは彼らにとって事実ですから、すべて間違いではありません。

この「目的としての経験」は、遊びとして体験すること自体が目的なので、子どもが遊びを通じて、「ひとつ経験を増やした」という結果だけで目的は果たされています。

②メッセージとしての経験

「メッセージとしての経験」とは、ぼくたち大人が「伝えたいメッセージ」を受け取りやすくするために「経験」を用意するもの。食品メーカーが試食品をお客様に提供し、味わってもらうのは「おいしい」という感想と「購入する」という行動を引き出したいからです。石鹸メーカーの売り場の多くには「洗面台」がありますが、商品である石鹸を使い、手を洗うことによって「いつもよりも手がすべすべになる」というメッセージを伝えるために「洗面台で手を洗う」という経験を用意しているのです。

アイスホッケーチームとカナダ遠征に行った際には、選手と一緒に「ユニフォーム製作工場」に訪ねるという経験を用意しました。普段、何気なく袖を通しているユニフォームはどのように作られていて、どのような人たちがかかわっているのか。それらを目で見ることによって「感謝の気持ちを持ってほしい」というぼくたちのメッセージが込められています。

経験の種類

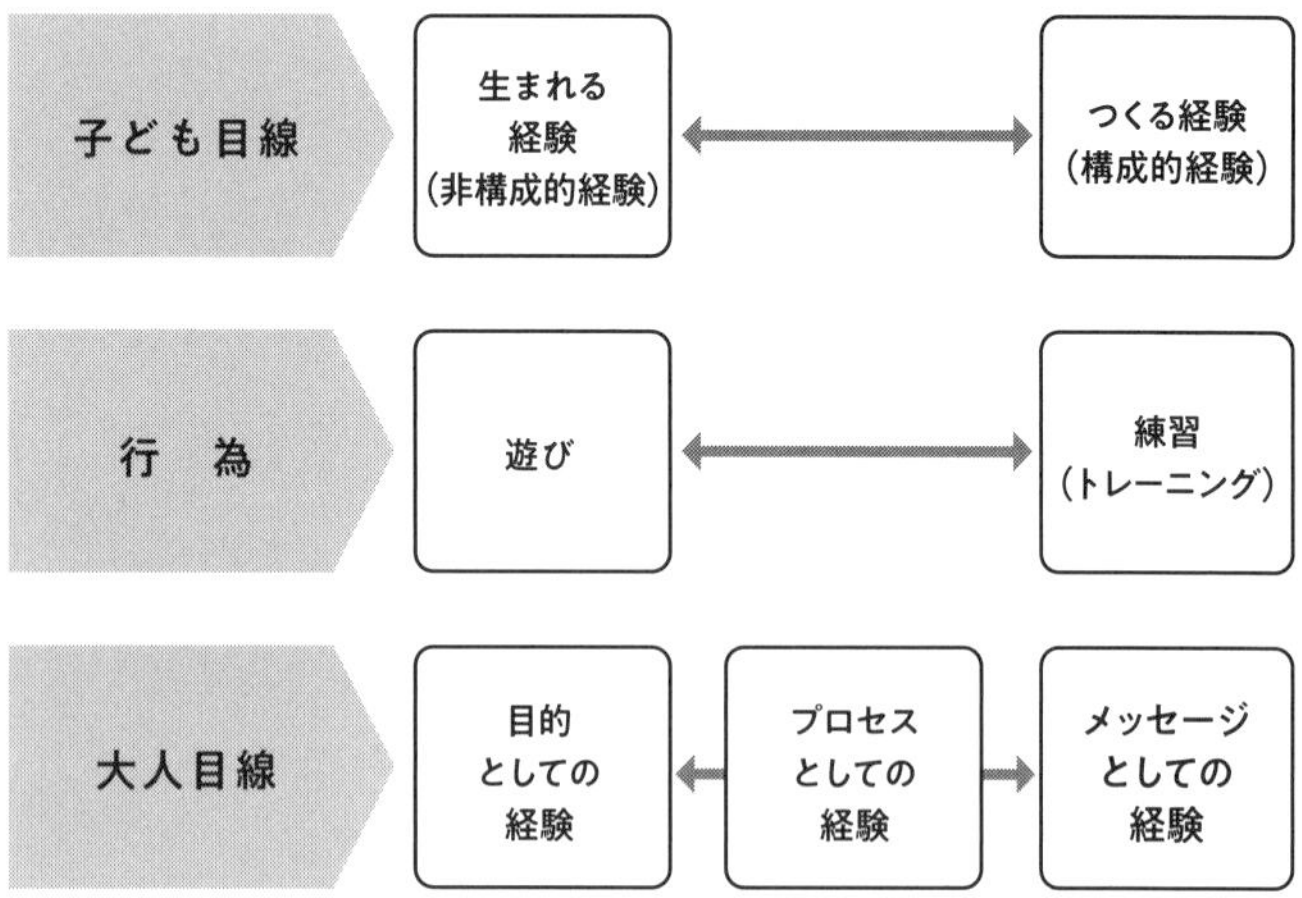

また、ホテルでの宿泊ではなく、現地のホストファミリーに協力していただき、ホームステイの経験を用意したのは、「言語を超えてコミュニケーションを取る楽しさ」や「言語そのものに興味を持ってほしい」というメッセージでした。

このように「メッセージ」を単純に「伝えるだけ」ではなく、経験とセットで伝えることによって伝えたいメッセージを受け取りやすくすることがメッセージとしての経験です。

③プロセスとしての経験

「プロセスとしての経験」は、「目的としての経験」から一歩学びに踏み込んだ経験ともいえるもの。「目的としての経験」と「メッセージとしての経験」の間にあたります。

同じ経験をしても、そこからの学びは一人ひとり異なります。JリーグやBリーグといった一流の試合を観戦したとしても、「ぼくもあそこで活躍するために、早く練習したい」という子どももいれば、「楽しかったね」という感想を持つ子どももいます。

経験した後に「どのようなしつもんをするか？」によって学びは変わります。たとえば、試合後に「うまくいったことは何があった？」と問いかければ、試合を前向きに振り返ることができますし、「どんな課題が見つかった？」と問いかければ課題を自分で発見することができます。「どうすればよいと思う？」と問いかければ問題を解決するアイデアを見つけ、「どんなチャレンジをしたい？」と問いかければ、子どもの意思決定につながります。

経験の後にどのようなしつもんをするかによって、学びが変わるのがこのプロセスとしての経験で伝えたかったことです。

これは「目的としての経験」が実際に経験したら「メッセージとしての経験」と同じように学びの意欲が生まれるという経験。サッカーに興味がある子に「目的としての経験」としてサッカーを経験させたら「うまくなりたい」と目標ができるといった例です。

経験を成長につなげる「経験学習サイクル」

先に挙げた経験を通じて成長をするという理論を「コルブの経験学習サイクル」といいます。この経験学習サイクルとは、次の4つをグルグルと回すことで経験を成長につなげる理論です。

1. 経験をする
2. 経験した内容をふりかえる
3. ふりかえりから教訓を得る
4. 教訓を次やほかの機会に生かす

4に至るまでに重要なのは、2と3のふりかえりと、そこから得る教訓です。客観的に経験内容をふりかえり、そこから得られた教訓を導き出すことが、次へとつながるポイント。偏ったふりかえりでは、本来の学びを引き出すことは難しいですし、教訓を見つけられなければ何度も同じ失敗を繰り返してしまいます。

気をつけることは、教訓は対応策とイコールではない点。状況が変化すると使えない対応策ではなく、対応できる教訓へと導くのが大切なのです。

経験学習サイクルの3つの壁

経験学習サイクルは、子どもの成長を引き出すためには非常に理想的なモデルです。ところが、このサイクルを回すときに3つの壁があるといわれています。

ひとつ目が「ふりかえりの壁」。経験をふりかえる習慣を持たず、「経験して、経験して、経験して」と**何となく身体が覚えるというアプローチでは、経験からの学びが少なくなります。**

2つ目が「教訓の壁」。ふりかえりのときに、ただ後悔したり喜ぶだけで、教訓を引き出していないケースです。とくにスポーツの現場では、反省会でネガティブな教訓を引き

経験学習サイクルとは

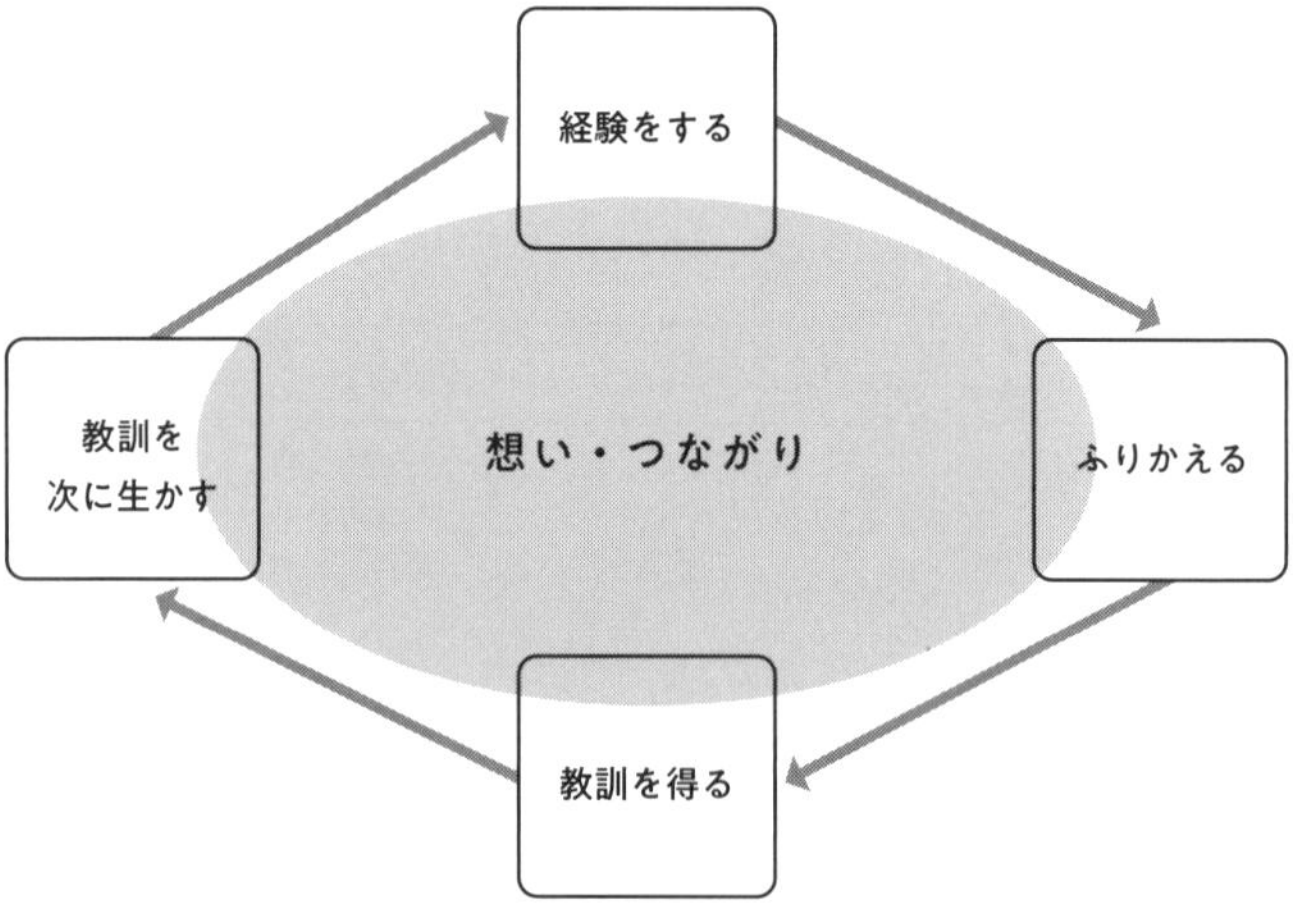

『職場が生きる 人が育つ「経験学習」入門』をもとに作成

出すケースが多くあります。反省会では「うまくいったことは何か？」「なぜうまくいったのか？」「どうすればよりよくなるか？」という教訓を引き出すことは難しいものです。

3つ目が「応用の壁」。教訓を得ても、それを次の機会に応用できないという問題です。「準備不足で試合で思ったようなパフォーマンスを発揮できなかった」という教訓を得ていたのに、次も準備が間に合わないケースです。3つの壁を乗り越えて初めて経験学習サイクルが適切に回り、経験から学ぶことができます。乗り越えるポイントは、ふりかえりを楽しみながら習慣化すること。最初は完璧を求めず、負担にならない範囲で行うといいでしょう。

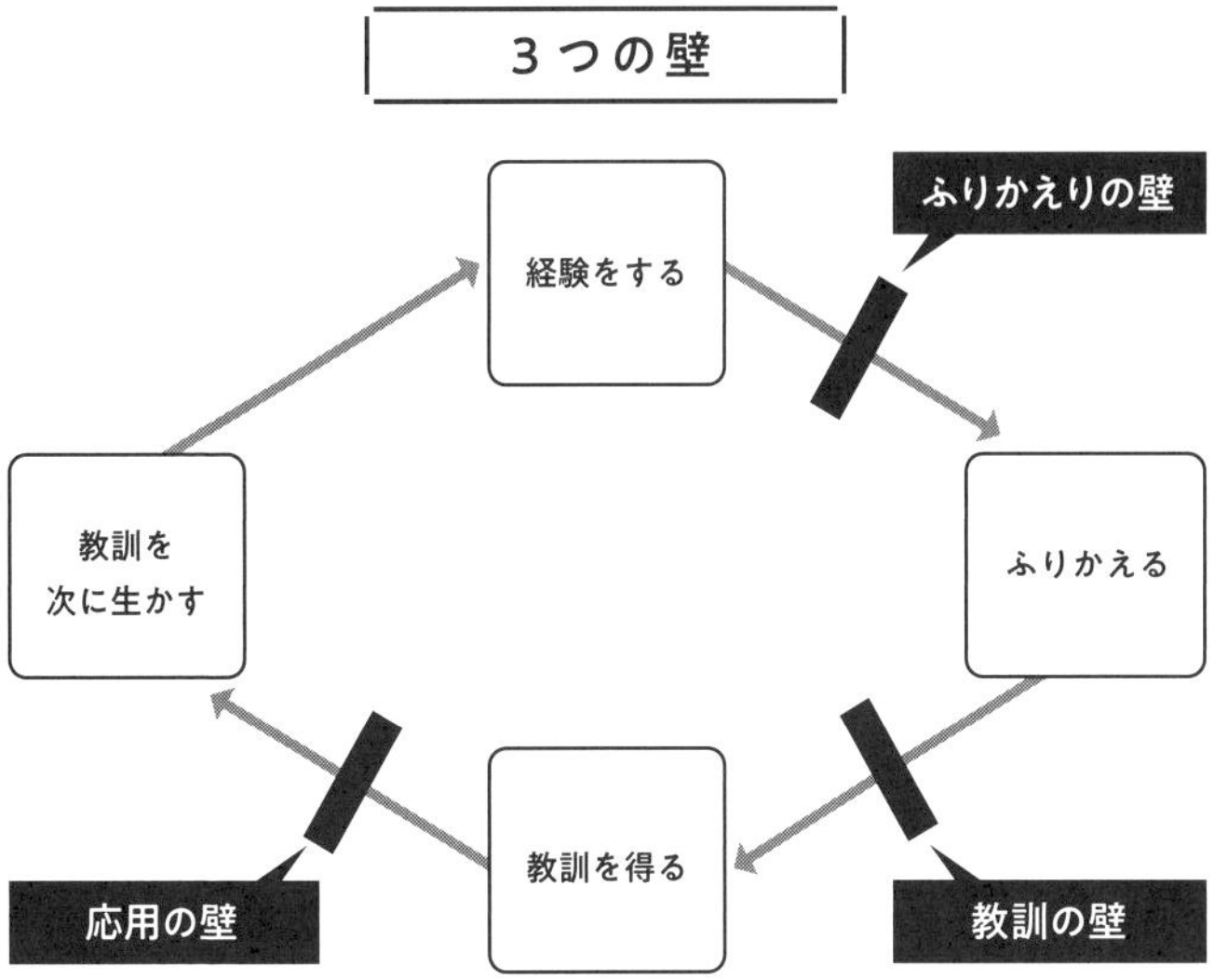

『職場が生きる 人が育つ「経験学習」入門』をもとに作成

「しつもん」していますか？

しつもんには「よいしつもん」もあれば「悪いしつもん」もあります。

「よいしつもん」とは、「相手が答えたくて仕方のない問い」、一方の「悪いしつもん」は、相手の落ち度やミスを指摘し自信を奪うような「相手が答えたくない問い」です。

たとえば、子どもたちの多くは「何でも叶えられるとしたら何を叶えたい？」と問いかけると、目を輝かせて答えてくれます。一方で「何で宿題やらないの？」という問いには、心を閉ざし、言い訳ばかりを並べます。答えたくないしつもんは、効果がないばかりか、相手のやる気や自信も奪ってしまうのです。

同じしつもんでも、お互いの関係性や相手の状態によって「よい・悪い」が変化することも注意。たとえば「どのようにすれば成長できると思う？」という問いは、成長を望む選手にとっては「よいしつもん」となり得ますが、成長を望んでいない選手には「悪いしつもん」となります。まったく同じことばでも、よい悪いは変わってしまうのです。

子育てとは、子どもが「自らの経験から学べるように支援する」ことともいえます。本書では、「しつもん」を使って子どもが経験から学ぶ力をつけることを目的としています。

同じ体験でもしつもんによって学びが変わる

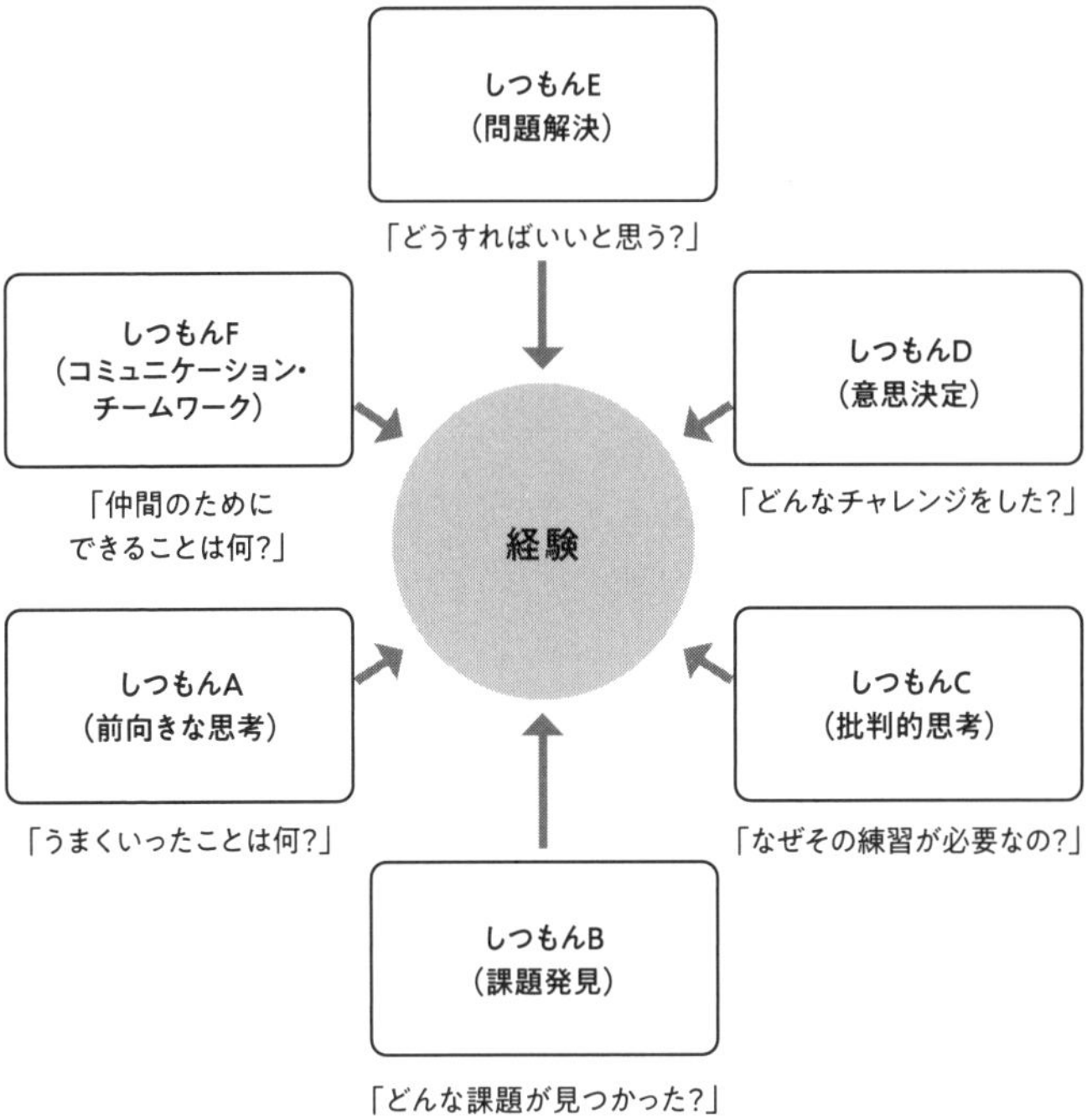
しつもんE
（問題解決）
「どうすればいいと思う?」
しつもんF
（コミュニケーション・チームワーク）
「仲間のためにできることは何?」
しつもんD
（意思決定）
「どんなチャレンジをした?」
経験
しつもんA
（前向きな思考）
「うまくいったことは何?」
しつもんC
（批判的思考）
「なぜその練習が必要なの?」
しつもんB
（課題発見）
「どんな課題が見つかった?」

Check Point

序章のまとめ

☑遊びから練習まで、経験には種類がある

☑遊びはそれ自体が目的。学びや成長は
後からついてくる結果に過ぎない

☑練習は一定の成果を目的とした経験。
受け取ってほしいメッセージがある

☑同じ体験でも、
しつもんによって学びが変わる

column 01

ふたりで気づく経験／友だちと気づく経験

本書では「子どもが自分で学びの方法を身につける」ことを大きな目標に掲げていますが、子どもが「課題を解決したい」と思っていても、どうしても行き詰まることも出てきます。そんなときにはひとりで悩まずに、「だれかに話せる機会」がとても重要です。大切なのは、だれかに自分の話をすることで「私はこれで悩んでいるんだ！」と頭の中が整理され、そして、他人の意見に耳を傾けることで「そういう考え方もあるんだ！」と新たな視点から眺めてみること。悩みを多角的に見ることでスッと楽になることもあります。

また、本書では親や指導者などの「大人」が、子どもとどう接するかをお話ししていますが、子ども同士だからこそ解決できる課題もたくさんあります。子どもにとって友だちは、近い感覚を持つ存在。世代の異なる考え方は理解できなくても、友だちとなら「自分とは違う考え方」を認め合い、仲良くなる過程で理解することもできます。そのため、同じ体験をしたときの感想が自分と違っても「そんな考え方があるのか」と受け止めやすいのです。

そして、それは仲が良いときだけではありません。時には感情的になってケンカをしながら「大切にしていること」をぶつけ合う中で、お互いの本音を理解していくのです。もちろん、暴力的になってしまうケースは注意が必要ですが、自分の感情を素直に吐き出すという側面から見ると、喧嘩することは必ずしも悪いことではないのです。

一方で思春期になると、他者の目を気にしすぎて、自分の感情や考えを必要以上に隠すことで自分を見失ってしまう子どもがいます。そんなときも「あなたがどうしたいの？」と自分を見つめ直すきっかけとしてしつもんは非常に有効です。

CONTENTS

第1章 「経験から学ぶ」は未来に必要とされる力

第2章 経験から学びを引き出す「ふりかえり」

第3章 学びを教訓に変える

Column

みんなでできる チャレンジゲーム

第1章

「経験から学ぶ」は未来に必要とされる力

21世紀型スキルって何？

本書で、しつもんを使って子どもに学んでほしい能力として挙げる「21世紀型スキル（フューチャースキル）」とは、２００９年にロンドンで開催された「学習とテクノロジーの世界フォーラム」で立ち上げられた「21世紀型スキルの学びと評価プロジェクト（ATC21s）」で研究が進められてきたものです。世界各国や多くの教育機関なども参画する**このプロジェクトでは、「21世紀において必要とされ、使われるスキル」と「情報を操作し、活用するうえで必要なスキル」を合わせて21世紀型スキルと定義。**未来を支える次世代の教育のためということで、シスコシステムズ、インテル、マイクロソフトという世界的な技術系の大企業が財政支援しているのも特徴のひとつです。

この21世紀型スキルは、「思考の方法（1〜3）」「働く方法（4・5）」「働くためのツール（6・7）」「世界のなかで生きる（8〜10）」という4分類10スキルに分けられています。

1. 創造性とイノベーション
2. 批判的思考・問題解決・意思決定
3. 学び方の学習・メタ認知

4. コミュニケーション
5. コラボレーションとチームワーク
6. 情報リテラシー
7. 情報通信技術に関するリテラシー
8. 地域と国際社会での市民性
9. 人生とキャリア設計
10. 個人の責任と社会的責任

「21世紀型スキル」という呼び方ですが、すべてが新しいものではありません。これまで世界の教育研究で進められてきたことがまとまったものなのです。とはいえ、ここで挙げられている内容は現在でも古びていません。今後ますます必要になるものです。今回、ぼくがなぜ21世紀型スキルをテーマにしたかというと、子どもたちの未来のために必要だと考えている「経験から学ぶ力」で学ぶ具体的な能力であり、ぼくの「しつもんメンタルトレーニング」が、これらのスキルを身につける有効な手段になると思ったからです。

この後は21世紀型スキルと、その能力を磨くのに適したしつもんの例、そして実践してほしいゲームについてお話しします。

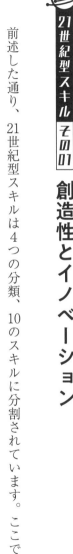

21世紀型スキル その01 創造性とイノベーション

前述した通り、21世紀型スキルは4つの分類、10のスキルに分割されています。ここでは「思考の方法」に分類される「創造性とイノベーション」をご紹介します。

このことばが示すのは「新しいことに気づいて、現在のもの・自分を超える力」。自分で新しいものを生み出す「創造性」によって、問いを再定義する「イノベーション」を起こす能力を指しています。

この能力がある子どもと、ない子どもの例を見てみましょう。ある問題を目の前にしたとき、能力がある子どもは言われたこと（指示されたこと）を聞いて「こうやったほうがもっとよくなるよ！」と言い、能力がない子どもは指示されたことをやるだけ。もちろん、言われた通りにやる子どもが悪いわけではありません。でも、指示がないと動けないのでは、さみしいのではないでしょうか。

「創造性」については、こんな例も目にしました。バリ島の「グリーンスクール」という環境を考えるエコスクールへ視察に行ったときのことです。

小学一年生の子どもが「いっぱい手を振って！」と言い出しました。「どうして？」と聞くと、「だってペーパータオルって、濡れた手を拭くものでしょ。ここは（熱帯だから）暑いもん、手を振って水を飛ばせばすぐ乾くから、紙がもったいないよ」と答えたのです。「なぜ、エコを謳う学校の手洗い場にペーパータオルがあるんだろう？」。このシンプルな問いに対する答えとして、その子が出したのが「手をふって水気を切る」とアイデアでした。まさに、自分で現状を変える（超える）アイデアを生むという「創造性とイノベーション」の能力といえます。


また、問いを再定義することで起きる「イノベーション」には、こんな例もあります。駅でエレベーターを探して右往左往していたひとりの主婦が「どこにエレベーターがあるんだろう？」という問いを持ち、それを「どうすれば、乗り換えをスムーズにできるだろう？」と再定義。各駅を回って地道にホームのマップを作り上げたことで、都内ではおなじみとなった「乗り換え案内図」が生まれました。

この「創造性とイノベーション」の能力を養うためにまず必要なのが、周囲をよく見て「どんなことが起きているのか」を理解する習慣。しかし、子どもが自主的に身につけるのは難しいので、大人がシンプルな問いかけで普段からサポートしましょう。

また、問いを再定義する力を身につけるのには「どうなっていたら最高か？」と理想の状態を考えることも必要。ほかにも、子どもが自分自身に問い直すしつもんには、「幸せって何？」「どんなときに幸せ？」「どんな自分でありたい？」というものもあります。

「創造性とイノベーション」の能力を子どもが同時に磨けるのが、地元の商店街を歩いてインタビューをする体験です。このとき「街にはどんな魅力がある？」というしつもんをして送り出し、戻ってからは「街のみんなはどんなことに困っていた？」「どのようにすれば解決できると思う？」「どんな新しいアイデアがある？」という問いかけを行うと、子どもの思考が広がっていきます。

このようなしつもんで、**「周りで何が起きているのか」を考え、「それを超える新しいものを考える」という2つの習慣を身につけられれば、子どもの創造性とイノベーション能力が大きく伸びていきます。**

21世紀型スキル その02

批判的思考・問題解決・意思決定

21世紀型スキルの2番目であり、思考の方法で次に紹介されているのが、「批判的思考」「問題解決」「意思決定」の3つの力です。

「批判的思考」とは、簡単にいえば「なぜそうなのか?」と疑問を持つ力のこと。いままで教わってきたことや常識を盲目的に受け止めるのではなく、「どうしてそうなっているのか」という理由を自分で考え、本当に大切なことは何かを発見する力です。

小さい子どもは素直で、知らないことは何でも疑問を持ちますが、年齢を重ねていくうちに「何でだろう?」と思わなくなるもの。しかし、物事に疑問を持たずに日々流されていると、主体性のない子どもになってしまいます。

そうならないためには、自分で考えられる年齢になったら、家庭での「暗黙のルール」や「常識」について家族で話し合う機会を設けましょう。そのときは「当たり前だと思っていることは何がある?」と問いかけ、その答えを一度受け止めてから、「本当に?」としつもんを投げかけることで、「当たり前」や「みんなそうだから」ということばに隠れている本当の意味を見つけることができるかもしれません。「常識」についてだれかと語り合う経験は、普段気にしていないことを見つめ直すきっかけになり、子どもの批判的思考が磨かれていきます。

次の「問題解決」は、「どうしたら解決できるだろう」と考える力。 複雑に見える問題でも、多角的な視点で新しい解決法を見つけ出す能力を指します。大切なのは「どうしてそうなっているか」を見つる問題発見能力と、「どうやったら解決できるか」の答えを導く力ですが、この力を育むには「本当に大切なことは何だと思う?」「どうすればいいと思う?」というしつもんがおすすめ。

そのとき、正しい答えが出せればベストですが、間違えたていても構いません。「どうやったら解決できるか」と考えること自体が大事だからです。この経験を積むことで、いろいろなことに関心を持ち、偏見を持たずに柔軟な思考で問題に取り組む力が身につくでしょう。

最後の「意思決定」は、考えたことを実行する決断力とも言い換えられます。

問題を発見して解決法を見つけ出せても、行動しなければ解決することはできませんよね。子どもが友だちとケンカした後に「自分も悪かった」と反省して、仲直りの方法を考えたとしても、実践しなければ人間関係を修復したり、築く力は育ちません。

この意思決定の力を磨くために適しているのが、「本当はどうしたい?」というしつもん。自分の気持ちをことばにすることで、「何をするとよいか」が明確になります。

また、「やりたいことはあるのに、どうすればいいかわからない」という子どもには、「まず、何ができそう?」というしつもんをしてあげましょう。この問いをきっかけに、やるとよいことの順番を頭のなかで整理して、行動に移せるようになっていきます。この意思決定のときに気をつけたいのが余計な思い込み。「こうあるべき」という固定概念が大人にもありますが、そういったバイアスに左右されず、自分らしい決断をする大切さを子どもに教えるのも、ぼくたち大人の役目です。

どんな問題が起きているのかを見つけ出し、どうするとよいかかを考え、決断する経験を積むこと。この繰り返しで子どもの批判的思考や問題解決、意思決定能力が磨かれていきます。

21世紀型スキル その03

学びの学習・メタ認知

思考の方法の3つ目である21世紀型スキルは、「学びの学習」と「メタ認知」です。**「学びの学習」とは、学び方を知るということ。簡単にいえば、「こうしたらできるんだ」という方法を覚えていくということです。**

「学びの学習」の能力を身につけると、自分に合った効果が上がる学習方法や自分が得意なことの生かし方などを理解して、「こうやれば効率よくやれるはず」といったように、自分で応用できるようになります。また、「続けていれば目標に近づける」と学ぶことで自主性や忍耐力も成長。自己管理能力も身につくので、短時間でも長時間でも集中できる能力なども向上します。

この能力を磨くのに適しているのは、スポーツや勉強、趣味など成長したい分野の体験をした後のしつもん。「どんなことが得意（苦手）？」という問いで、どんな力を伸ばすのがよいかに気づいたり、「どんなときに集中できる（できない）？」というしつもんで、パフォーマンスが最大になる条件を見つけたり、「自分のどんなところが好き（嫌い）？」

といったしつもんで、自分の好き嫌いの共通点を把握できたりすることで、自分のやり方を身につけることができるようになります。

次の「メタ認知」は、自分のことを客観的に見る能力のこと。問題が起きたときにふりかえり、原因と解決策を見つけるために必須の能力です。この能力がある子どもとない子どもでは、同じ経験をしていても差がついてしまいます。

アイスホッケーU14日本代表チームでも実践しているのが、チームメンバー全員で試合後に「どんなことを感じた?」「うまくいったことは何があった?」というふりかえりの時間の共有。他者の視点も交わり、経験を次に生かしやすくなる方法です。

しかし、あるときの遠征スケジュールでは、試合後すぐにホームステイ先のホストに選手たちを送らなくてはいけませんでした。そうなるとつい「試合のことを自分でふりかえっておきなさい」と任せてしまいがち。しかし、そのときは「適切なふりかえり方」を知らない選手もいました。

そこで、一人ひとりに目標設定とふりかえりを自分でできる「ふりかえりノート」を用意。そこに書かれた5つのしつもんは、シンプルな問いばかりですが、選手がふりかえりやすくなるために用意したもの。単に「経験するだけ」で終わらないようにとするのに非常に役立つしつもんです。

そこに記した最初のしつもんは、「どう感じた?」という、抽象的で子どもたちの素直な感想を引き出すもの。次の「何点だった?」は、それぞれ自分の評価基準で採点するので、点数は大人とは異なることもあります。しかし、ふりかえるきっかけ作りのためのしつもんなので、何点でも問題ありません。その後に続く「どうして?」というしつもんは、子どもの評価基準の理由を知ることに役立ちます。その次の「うまくいったことは?」というしつもんは、その子どもが「何を学んだか?」を見つけるために重要なもので、最後の「どうすればよりよくなる?」という問いにつながり、改善するアイデアを自らが生み出す力を育みます。

21世紀型スキル その04

コミュニケーション

21世紀型スキルの4つ目は、「働く方法」にカテゴライズされる「コミュニケーション」です。この**21世紀型スキルでは、「いろいろな人の考え方に触れ、異なる考え方を理解する力」や、「自分の考えをほかの人に伝え、理解してもらえる力」「そのための言語能力」とされています。**

世界基準のフレームワークのため英語能力も含まれていますが、まず母国語できちんとやり取りできる、ということが大切。そのうえで、だれかとコミュニケーションをとるときに大事なのは、自分と相手は異なる考えを持つということを理解することです。

子どもたちはもちろん、ぼくたち大人も一人ひとり大事にしている考えを持っています。スポーツを教える現場でも「全員が試合に出場し、スポーツをもっと好きになってほしい」という考えの人もいれば、「スポーツは白黒はっきりするもの。選手の出場時間が偏ったとしても結果が一番大事」という人もいます。教育現場でも、「のびのびとした自由な教育が必要だ」と考える人や「学校の成績こそ大事」という人もいて、どの考えもその人が大切にしていること。どちらかが間違っている、という類いのものではありません。生まれ育った環境も違うのですから、大切にしていることや考え方にズレがあることは「自然」ともいえるかもしれません。

社会に差別や偏見がある理由は、「知らないことによる恐怖感」です。その恐怖を取り除き、異なる考え方を理解する第一歩は「知る」ことです。

ＬＧＢＴの団体の代表をしている友人がいますが、学生時代から「知っている」ぼくは、男性同士が手をつないだりキスをする姿を見ても驚きませんし、海外を旅していればそうした光景を目にすることも多くあります。しかし、それを「知らない」人は、テレビなどでその情報に触れたときに嫌悪感を示すこともあります。その違いは、「知っているかどうか」。知っていて好きか嫌いかが分かれるのはそれぞれの価値観です。しかし、知りもせずに恐怖で差別や偏見を生むことが社会では多くあります。

では、異なる考え方の人とコミュニケーションをとり、「意思を共有する」にはどうしたらいいのでしょう？　そのヒントは、「目の前の人が大切にしていることは何？」「自分が大切にしていることは何？」「どうして、それを大切にしているの？」「お互いに大切にしたいことは何だろう？」という4つのしつもん。その答えを考えるときには、相手の考えを知り、大切にするものを尊重する気持ちを忘れないというルールを守るようにしなくてはいけません。

子どもの「考えをほかの人に伝え、相手と共有する力」を育むためには、大人が子どものことばを引き出す工夫が必要なことがあります。たとえば、幼い子どもが「ねえ、お水」とだけ言うとき。もちろん、のどが渇いたことはわかりますが、あえて「水がどうしたの？」と聞きましょう。そうすると子どもは、**「具体的」に伝えなくては相手に伝わりにくいということに気づきます。そうやって、抽象的なことばではなく、相手が理解しやすい具体的なことばを選ぶようにサポートするのが、子どものコミュニケーション能力の向上にとっても大切です。**

また、コミュニケーションスキルのひとつに、時には相手に弱みを見せることで信頼してもらえる、というものがあります。自分の強みだけでなく弱みも見せることで、相手との信頼関係が強くなるということを子どもにも教えてあげましょう。

21世紀型スキル その05 コラボレーションとチームワーク

21世紀型スキルの「仕事の方法」分野のひとつである「コラボレーション」と「チームワーク」は、現代社会で働く多くの人に必須とされる能力。人間はひとりで生きていけないので、他者とかかわり、協働しなくてはいけません。「コラボレーション」は、お互いの短所と長所を理解して、それぞれの長所で相手の短所を補うなど、他者と効果的にかかわり合うということ。**自分ではできない高レベルのことでも、共通の目的を持つだれかの長所を活用することで達成可能になります。それを複数で行う際に必要となるのが「チームワーク」。より多くの人と同じ目標に向かって進むためには、密なつながりが必要となります。**

「コラボレーション」や「チームワーク」など、人とつながって行動するためには、互いを認め合う信頼関係が非常に大切です。そこで必要となる「相手を認め、相手の承認を受け取る力」を子どもが身につけるためには、学校や団体競技のチームなど、同年代の子どもたちが集まる場が最適。自分以外の子どもが「どう感じているか」「何を考えているか」ということを知る経験を積むことができるからです。

イギリスのある美術館で見た次のような光景が、非常にいい例なのでご紹介します。

幼稚園に通う子どもたちが美術館に連れて来られていました。「あの絵を見てどう思った？」と先生が全員に問いかけました。すると子どもたちは「怖かった」「悲しそうだった」など、自分の意見を発表。ほかの子どもの意見を聞いた子どもたちは、うなずいたり、驚いた顔をしたりしながら、自分以外の相手の感想を受け止めることを経験。人それぞれの感じ方や価値観に触れる経験を通して相手を認める方法を学んでいたのです。

共通の目標を掲げ、その達成のためにコラボレーションやチームワークが必要なときに大事なのは、「相手が何をしてくれるか」ではなく、「自分がチームのために何ができるか」です。強みと弱みを互いに理解し合うことで、チームのなかでも役割を理解し、欠点を補い合ったり、強みを重ねてチームの武器にしたりすることが可能になります。

そのときに不可欠なのが、普段からコミュニケーションをとって相互理解を深めておくこと。「お互いの違いを生かしてできることは？」「目的の実現には何が必要？」といったしつもんで、だれがどのような役割を果たすのかを話し合うことで、子どもたちの協働する力も伸び、チームワークも高まっていきます。

ちょっと視点は変わりますが、「環境問題」を考えてみましょう。あなたは環境のために「自分にできること」をどれだけ実践しているでしょうか？　エコバックを持参してレジ袋をもらわない、カフェではマイボトルに注いでもらう、食べきれない量の食事を注文しないなどは、本当に些細なことかもしれません。しかし、一人ひとりの意識と行動が変われば、ぼくたちの地球は確実によりよくなります。

こういった活動に対して行動に移す人とそうでない人の違いは、「自分ごとになっているかどうか」だともいえます。これは、子どものチームでの行動への取り組みでも同じ。もし、「自分ごと」という意識を持てていないときには、「どうして、その行動が必要だと思う？」「あなたができることは、何がある？」と問いかけましょう。「自分がチームのために何ができるか」を改めて考えるきっかけになるはずです。

ここまで紹介した21世紀スキルは、それぞれ登場した「しつもん」で育むことができるとお伝えしてきましたが、この後は、複数のスキルを同時に磨くことができる「チャレンジゲーム」をご紹介していきます。次ページ以降に続く4つのゲームは、家庭内でもできるものなので、気軽に挑戦してみてください。また、巻末（131ページ〜）にある付録は、人数が増えても対応できます。仲のよいお友だちや家族と実践してみてください。

21世紀型スキルが身につく!

「チャレンジゲーム」の使い方

本書で紹介する21世紀型スキルが身につく16のゲームをご用意！
所要時間や磨きたい能力、必要な道具、想定人数でゲームを選び、
準備・進め方に従って、プレーしてみましょう。

[ゲーム01〜04 P54~61／05〜16 P132〜155]

所要時間
プレーをするのに必要な時間・期間

磨かれる能力
21世紀型スキルのどの能力が磨かれるかを記載

使う道具
ゲームで使用する道具

ゲーム名

想定人数

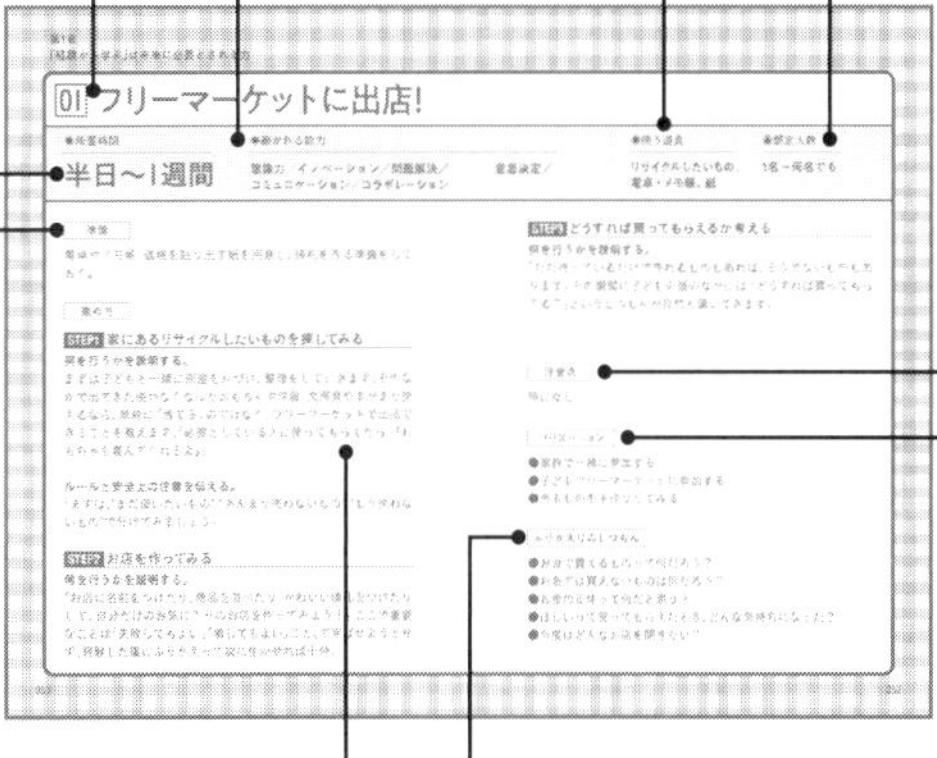

注意点

準　備
ゲームをプレーする前に行う準備や準備する道具

ふりかえりのしつもん
プレー後に参加した子どもたちに問うしつもんの例

進め方
進行者が各STEPで行うこと。カギ括弧部分は台詞

バリエーション
派生ゲームや難易度アップバージョンの説明

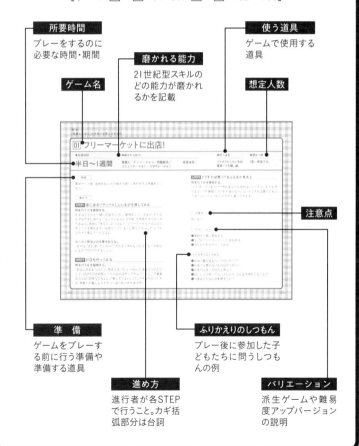

	◉使う道具	◉想定人数
意思決定／	リサイクルしたいもの、電卓・メモ帳、紙	1名～何名でも

STEP3 どうすれば買ってもらえるか考える。

何を行うかを説明する。

「ただ待っているだけで売れるものもあれば、そうでないものもあるよね？」

その瞬間に子どもの頭のなかには「どうすれば買ってもらえる？」というしつもんが自然と湧いてくる。

注意点

特になし

バリエーション

- 家族で一緒に参加する。
- 子どもフリーマーケットに参加する。
- 売るものを手作りしてみる。

ふりかえりのしつもん

- お金で買えるものって何だろう？
- お金では買えないものは何だろう？
- お金の正体って何だと思う？
- ほしいって言ってもらえたとき、どんな気持ちになった？
- 今度はどんなお店を開きたい？

01 フリーマーケットに出店！

◉所要時間

半日〜1週間

◉磨かれる能力

想像力／イノベーション／問題解決／コミュニケーション／コラボレーション

準備

電卓やメモ帳、価格を貼り出す紙を用意し、値札を作る準備をしておく。

進め方

STEP1 家にあるリサイクルしたいものを探してみる。

何を行うかを説明する。

まずは子どもと一緒に部屋を片づけ、整理をしていきます。そのなかで出てきた使わなくなったおもちゃや洋服、文房具や本がまだ使えるなら、単純に「捨てる」のではなく、フリーマーケットに出品できることを教えます。
「必要としている人に使ってもらえたら、おもちゃも喜んでくれるよ」

ルールと安全上の注意を伝える。

「まずは、①まだ使いたいもの ②あんまり使わないもの ③もう使わないもので分けてみよう」

STEP2 お店を作ってみる。

「お店に名前をつけたり、商品を並べたり、かわいい値札をつけたりして、自分だけのお気に入りのお店を作ってみよう！」
ここで重要なことは「失敗してもよい」「損してもよい」こと。学ばせようとせず、経験した後にふりかえって次に生かせれば十分。

	◉使う道具	◉想定人数
の学習／メタ認知／コミュニケーション／域と国際社会での市民性	ペン、メモ帳 模造紙	1名～何名でも

注意点

特になし

バリエーション

地元だけでなく、全国各地の地方を探検してみる。

ふりかえりのしつもん

- どんな"すごい"があった？
- 地域の人は、どんなことで困っていた？
- どうすれば、「困った」を解決できるかな？

02 地域を探検しよう！

◉所要時間

半日〜1週間

◉磨かれる能力

想像力／イノベーション／問題解決／学び
コラボレーション／情報リテラシー／地

準備

ペンとメモ帳を用意し、いろいろな話を聞く準備をする。それをまとめて書き込む模造紙を用意しておく。

進め方

STEP1 地域の「すごい」を集めてみよう。

何を行うかを説明する。

「地域の商店街や街を歩いて"すごい！"を集めてみよう！　図書館に行くのもおすすめだよ。地域の歴史や特産品、名物や名所など探検しながら、"すごい！"を集めてね！」

STEP2 地域の「困った！」を集めてみよう。

「一方で、地域には必ず"困った！"があるはず！　街の人に『どんな困っていることがありますか？』とインタビューして、地域の人たちの声を集めてみよう」

STEP3 どのようにすれば解決できる？

「地域の"困った！"についてアイデアを出し合ってみよう！」
「どうすれば困った！を解決できるかな？」
子どもから出てくる自由な回答をもとに、地域の課題について一緒に考える。ここでは現実的な答えでなくてもOK。地域に興味を持ち、課題に対しアイデアを出すことを大切にする。

	◉使う道具	◉想定人数
／コミュニケーション／ 責任／地域と国際社会での市民性	ペン、メモ帳 模造紙	1名～何名でも

STEP4 家族の前でプレゼンテーションする。

自分なりに調べて表を作ったら、家族の前で発表する。発表を通じて家族のことばを聞き、自分が行きたい場所に行くためには「思い」だけではダメで、家族が「願っていること」も加味されている必要性に気づく。

注意点

特になし

バリエーション

特になし

ふりかえりのしつもん

●自分が大切にしていることは何だと思う？
●どんな基準で学校を選びたい？
●勉強するのは何のためだと思う？

03 自分の未来を考えてみよう！

◉所要時間

60分

◉磨かれる能力

批判的思考／問題解決／意思決定／学びの学習／メタ認知
情報リテラシー／人生とキャリア設計／個人の責任と社会的

準備

ペンとメモ帳を用意し、話をしたことをメモする準備をしておく。それらをまとめて書き込む模造紙を用意しておく。

進め方

STEP1 なりたい自分を描く。

子どもに「何でも叶えられるとしたら何を叶えたい？」と問いかける。なりたい自分や身につけたい力、体験してみたいことや訪れたい場所、欲しいものや会いたい人でもOK。「何でも叶えられるとしたら」と思考の枠をはずして考えてみることで、純粋な子どもたちの願いを引き出すことができる。

STEP2 学校に行く理由を探す。

「学校に行くと手に入るものは何だと思う？」
その答えは子ども一人ひとりで異なり、「頭が良くなるよ」という答えもあれば、「友だちがたくさんできる！」という声もあるはず。その答えは、子どもが大切にしていることであり、学校に行く理由。大人が考える“学校で得てほしいこと”と異なっても口を挟まず、子どもが「行きたい」と思える理由をたくさん引き出す。

STEP3 地域のチームや学校を調べてみよう。

「“なりたい自分”の姿と“学校で手に入るもの”が整理できたら、地域の学校やチームについて調べてみよう！」

	◉使う道具	◉想定人数
コミュニケーション／と社会的責任	ペン、メモ帳 模造紙	1名〜何名でも

STEP3 大切にしていることは何かを伝え合う。

「家族といってもそれぞれ大切にしていることは違い、『体を動かすのが大好き！』という子もいれば、お父さんは『みんなで大自然のなかでのんびりすごしたい』と考えているかも。お互いの「大切にしたいこと」とその背景を伝え合い、お互いの違いを知ろうね！」
このように思いを伝え合うことで、家族でどのような選択をするかの指針にする。

STEP4 一番取り組んだ人の希望を叶える。

旅行は、習慣化チャートの３週間くらいの記録を目処に、目標にもっとも取り組むことができた人(家族)の希望を叶える。

注意点

特になし

バリエーション

特になし

ふりかえりのしつもん

●長く続けてみるってどんな気持ち？
●どんな工夫をしたの？
●家族でどんな時間をすごしたい？
●みんなやりたいことが違うときはどうしたらいい？
●ほかにもよい方法はあるかな？

04 家族旅行の計画を立てる

◉所要時間

60分

◉磨かれる能力

批判的思考／問題解決／意思決定／学びの学習／メタ認知／コラボレーション／チームワーク／情報リテラシー／個人の責任

準備

ペンとメモ帳を用意し、話をしたことをメモする準備をしておく。それらをまとめて書き込む模造紙を用意しておく。

進め方

STEP1 習慣化チャートを作る。

何を行うかを説明する。

家族一人ひとりが「なりたい自分になるためにチャレンジしたいことは何？」の答えを模造紙に書き込み、毎日記録をつける。

ルールと安全上の注意を伝える。

「たとえば、サッカー選手になりたいお兄ちゃんは『毎日、外で15分練習する』。お花屋さんになりたい妹は『毎日、15分、お花の本を読む』。ダイエットしたいお父さんは『毎日、15分ランニングする』。新しい仕事にチャレンジしたいお母さんは『資格取得の勉強をする』など、それぞれの目標を書き出して、記録をつけてね。これが習慣化チャートだよ」

STEP2 どんな体験をしたいかを出し合う。

家族みんなで「次の休日は家族でどんな時間を過ごしたい？」というしつもんの答えを出し合う。

21世紀型スキル その06

情報リテラシー

21世紀型スキルの特徴のひとつが、「働くためのツール」について定義されていることです。20世紀から始まった大きな技術革新にIT技術がありますが、2020年になったいま、その影響力を無視して教育は語れません。そういった背景から未来に必要な能力として、この「情報リテラシー」と次の「情報通信技術に関する（ICT）リテラシー（63ページ）」が定義されています。

21世紀型スキルの「働くためのツール」「世界のなかで生きる」分野に関しては、ゲームとして用意できないので本書にはありませんが、その概要はしっかりと覚えていただきたいので、ここでご紹介しておきます。

「情報リテラシー」とは、「効率よく効果的に情報を利用する」「批判的かつ入念に情報を評価する」「関連のあるもの・ないもの、主観的・客観的、現実的・仮想的かを区別する」「プライバシーや文化の違いに配慮して情報を利用する」といったことができる能力と定義されています。

現在はインターネットが発達し、SNSを使って、情報収集することが当たり前のようになりました。そうした社会であるからこそ、情報を適切に理解、解釈、分析し、整理してどのように表現するかという「リテラシー」が必要です。

主観的・客観的の区別という意味では、本とSNSの違いがわかりやすいでしょう。本は、出版されるまでに編集者や校正者など複数の人が客観的に目を通して、内容を確認します。一方のSNSは、多くの場合は本人が書いたものがそのままアップされるため、非常に主観的。どちらの信頼性が高いかは、いうまでもないでしょう。この主観と客観的な事実をしっかりと区別しないと、物事の本質を見失ってしまいます。これは情報リテラシーだけにとどまらず、子どもとのかかわりにおいても同じ。大人も子どもも主観的な見方だけではなく、自分を俯瞰する意識が大切です。

現実的と仮想的の区別でいえば、2020年に中国から世界的に流行をした新型コロナウイルスでのデマによる混乱がいい例。インターネットの書き込みで「トイレットペーパーが品切れになる」という一見ありそうなデマに人々が踊らされ、一時期、ドラッグストアやコンビニの商品が品切れになるという騒ぎがありましたよね。

また、ぼくたちは「テレビで放送されていたから」など、ひとつのメディアの情報だけを元にすべてを語ってしまいがち。これは、視点が偏ってしまい、正しく物事をみられない危険があります。
ほかにも、情報を検索する際に気をつけるのが、「自分と同意見の情報しか目に入りにくくなる」ということ。たとえば、ぼくはいま「環境問題」にとても興味がありますが、こうした背景があると、ネット検索の「キーワード」にも偏りが出て、同意見ばかりを目にすることに。自分と異なる意見や自分が想像もつかないような視点に触れる機会を失ってしまいがちなのです。これは情報リテラシーとしては非常によくない傾向ですが、現代のネット社会では起きがちな話なので気をつけましょう。

21世紀型スキル その07

情報通信技術に関するリテラシー

「情報通信技術（ＩＣＴ）リテラシー」の「ＩＣＴ」とは、パソコンだけでなく、スマートフォンやタブレット端末など、さまざまな情報処理や通信技術の総称。**「ＩＣＴリテラシー」とは、効率的・効果的にこのＩＣＴを使用できる力や、発信するコンテンツ（動画・つぶやきなど）を作る力、デジタル端末を使いこなす力、法的・倫理的に違反しないよう**

に知識を持ちＩＣＴを活用する力を指します。

いまの子どもたちは生まれながらＩＴに親しんでいるデジタルネイティブ世代。多感な時期から自然とスマートフォンやＳＮＳに触れ、使い込んでいます。むしろ、ポケベルや携帯電話、ＰＣの普及と共に育ってきた、ぼくたち大人のような世代のほうが学ばなくてはいけないことが多く、その使い方や重要性を理解する必要があります。

スポーツの世界で見るとわかりやすいかもしれません。「ＩＤバレー」で知られる元全日本女子バレーボール代表監督の眞鍋政義さんは、データを活用して数々の実績を積み重ねてきた、スポーツ界における先駆者のひとり。日本代表を率い、データを駆使して２０１２年のロンドンオリンピックで銅メダルという結果を残しました。

その眞鍋さんが挙げる、データ活用の大きな利点が次の２つ。ひとつ目が、「状況を客観的に把握できる」こと。２つ目は、「あいまいな記憶や経験による思い込みを排除できる」ことです。ＩＣＴによりリアルタイムで現状を数値化し、把握できるようになったことで、固定観念にとらわれず、シチュエーションに即した柔軟な対応が可能になり、さまざまな対策が取れたといいます。これは子どものスポーツでも変わりません。

「どんな結果だった？（シュート数、パスの数、走った距離など）」というしつもんでプレー中の数字を集め、「どのようにまとめてみたい？」「これをどのように生かしたい？」というしつもんをすることで、子どもたちもデータを活用する方法を身につけていきます。スポーツ以外でも、たとえばオンラインゲームの世界などでは、ネットワークツールを使えば、世界中の人と簡単にコミュニケーションがとれます。

そのとき、「世界の人とお話しができると、どんなことが学べる？」と問いかけることで、日本にいながら世界を舞台に活躍するチャンスに気づくかもしれません。また、ゲームのなかで人とかかわる経験のひとつ。子どもに気づきを促すために、「学校のなかとゲームのなかの違いは何だと思う？」というしつもんをしてみてもよいでしょう。

日本フェンシング協会の会長に就任した太田雄貴さんは、「フェンシングはとにかく、わかりにくい」という課題を「テクノロジーとの融合」で解決しようと奮闘。たとえば、フェンシングのおもしろさを伝えるために、ＬＥＤパネルを導入して判定時に床やマスクが光る工夫をしたり、剣先の動きをビジュアル化で視覚的に訴えるなど、さまざまなチャレンジをしています。

ぼくたち大人世代の耳に届くのは、ＩＣＴの悪い面ばかりかもしれませんが、それは使い方が悪い例でしかありません。子どもたちがＳＮＳで世界とつながる機会を奪うのではなく、「こういった使い方はいけない」「法律・モラルに違反するのはこういうこと」といったことをきちんと教えてあげることで、子どもの可能性を広げることができるはずです。

21世紀型スキル その08 地域と国際社会での市民性

21世紀型スキルの4分類の最後が「世界のなかで生きる」です。今後ますますグローバルな人が増えることが念頭に置かれたもので、この分類に含まれる8つ目の21世紀型スキルは「地域とグローバルのよい市民であること」となっています。

このスキルは「シチズンシップ」とも呼ばれるもので、地域のコミュニティ活動や選挙などに参加したり、地域の課題を発見し、解決しようと働きかけることや、あらゆる意思決定やボランティア活動に参加するなど、高い市民意識を持つことが求められる能力。自分の周辺だけでなく、地域や世界を意識した行動や考え方ができるスキルを持つ子どもに育てるためには、歴史や社会、文化に対する深い理解も必要になります。

子どもたちが市民になってさまざまな職業を体験する「ミニ・ミュンヘン（15ページ）」も、

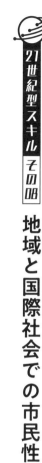

子どもが「街の一員である」という自負を持ってシチズンシップが育まれるというよい例です。そのミニ・ミュンヘンの10個あるルールの最後のひとつが、「どのルールも、子どもたちによって変更することができる」というもの。このルールが示す通り、自らの意思でかかわり、自分たちでルールを決め、自分たちで遊びや仕事を作れるからこそ、彼らは目を輝かせて夢中になるのです。

日本で同じようにこの意識を養うなら、自分の住む街を歩くという方法がおすすめ。そのとき、「この街のいいところって何?」「この街ではどんな困っていることがあると思う?」「どうすれば解決できるかな?」というしつもんで、街を理解してその問題を発見し、自分ごととして解決する方法を考える力を育むことができます。

積極的に街の問題に取り組むシチズンシップを育むには、「チャレンジ」の例を見せるのも効果があります。オランダと港区をつなぐ新しい学びの場を作る「nl/minato」プロジェクトでスポーツ探求教室を開いたときの話です。フランスとドイツの戦争をきっかけに、近代オリンピックの父、ピエール・ド・クーベルタンが「近代オリンピックを実現しよう」とチャレンジする姿や想いを追体験して学ぶものでした。子どもたちは感動した点を自分のことばで発表し、「どんなチャレンジをしてみたい？」というしつもんに「世界中の人と友だちになるために、英語を勉強しようと思った」など、グローバルな視点にあふれたチャレンジの答えを返してくれたのです。また、あるときにスポーツをする子どもたちにもっと「環境」にも興味を持ってもらいたいという思いから「スポーツSDGs」というイベントを開きました。カードゲームを通じて親子で一緒に「世界で起こっている環境の課題」について知ることで、ぼくたちができることを考えるイベントです。

参加者の男の子に「どんなことを感じた？」「どんなことをしてみたい？」と問いかけると「ペットボトルのジュースを飲まないようにする！」という答え。「どうしてそう思ったの？」としつもんすると「ペットボトルは飲み終わったら捨ててしまうから、もったいない」と言うのです。「サッカーの練習には、ジュースじゃなくて、お家で水を水筒に入れていけばいいんだよ」、「そうすればプラスチックを使わないで済むでしょ？」と、自分の身の回りのことから、世界の環境課題までつなげたアイデアを披露してくれました。これは一例ですが、子どもはきっかけを与えれば驚くほど深い思考をめぐらすことがあります。子どもにはたったひとつの経験からでもグローバルな思考を得る力が備わっているのです。

21世紀型スキル その09

人生とキャリア設計

21世紀型スキルの9つ目は「人生とキャリア設計」です。これは、人生とキャリア設計のマネジメントを行う能力。「変化への適応」「フレキシブルな対応」「目標と時間の管理」「独立して仕事する」「他者と効果的に相互作用する」「多様なチームで効果的に働く」「プロジェクトを運営する」「他者を先導する」といったさまざまな力が定義されています。

これらの力を身につけることによって、世界のどこにいても働き、生きていくことができるでしょう。もちろん、これだけの力を身につけるためには、**だれかに頼ることなく自律的に学習を行う姿勢が必要。さまざまな状況に対応できるだけの能力と変化への対応力なども磨かなくてはいけません。**

ぼくたちはまさにいま、変化の激しい時代に身を置いています。それは大人だけでなく、子どもたちを取り巻く環境も同じ。フレキシブルな対応は多くの場面で求められます。たとえば、海外遠征に行けば、多くの「想定外」に驚かされます。食事がなかったり、迎えのバスが来なかったり、練習場が使用できなくなったりと、ハプニングはつきもの。そのときも思い通りに物事が進まない事実をしっかりと捉え、感情的にならずに「いま、できることは何か？」と頭を切り替えられないと、調子を崩してしまい試合でいいパフォーマンスをすることもできません。

また、人生においては自らの力で未来を選ぶ機会がたびたび訪れます。そのときのために「人生とキャリア設計」の能力は必須です。この能力に含まれる「自分で目標と時間を管理できる力は、自立した考え方を磨いていかなくては習得できません。

フランスに旅をしたときにある家庭で聞いた話です。その家庭の子どもはゲームが大好きで、食事の時間になってもいつもゲームの手を止めませんでした。そこで子どもに問いかけたそうです。「あなたは、いま、ゲームと食事、どちらをしたい？」。子どもは当然のようにゲームを選び、家族は彼を除いて食事をしたそうです。1時間ほど過ぎた後、子どもが「お腹減った！ご飯食べたい！」とリビングに訪れましたが、母親は「あなたの食事はないわ。だってあなたは食事よりもゲームをやりたかったんでしょ？」と食事を出しませんでした。子どもはゲームを選んだ責任をここで学んだのです。

子どもたちは、成長していくなかでリーダーシップを求められる場面も訪れます。目標に向かって他者を先導する力ですが、ここで見直したいのは、他者をリードする前に「自分自身」があること。自分をリードできない、自律心のない人は他者をリードすることも難しいでしょう。

子どもの自律心を育む一番の方法は、子ども自身が「どんな未来を望むのか」という目的を明確にすることです。目的が明確になれば、「何をするとよいか」がわかり、自分の道を自分で選択して進み始めます。そのとき親は、「どうすべきか考えなさい」と伝えるのではなく、子どもが自分で考えたくなる機会を作りましょう。そのためのしつもんは、「どうしたい？」「どんな未来を作りたい？」「将来、どんな未来になっていたらうれしい？」というように、自由に子どもが考えられるものがおすすめです。

世界のどこにいても生活できる能力を身につけるには、本人の強い意欲が必要です。本人が決断するときは、親はあくまでサポート役に徹しましょう。

21世紀型スキル その10

個人の責任と社会的責任

21世紀紀型スキルの最後は、「個人の責任」と「社会的責任」。世界のなかで生きる能力のひとつです。**行動規範や礼儀を守り、建設的にコミュニケーションする能力や、他人を信頼して共感する能力、フラストレーションを建設的に表現し、敵意と暴力を自身でコントロールできたり、他者と交渉する能力を持つこと、とされています。**

もちろん、多くの能力を含むため、ひとつの経験ですべてを学ぶことは難しいですが、このなかでもとくに難しいのが、怒りの感情をコントロールすること。大人でも難しいことですが、この力を身に付けるためには、まずは怒りの根底に相手に対する「期待」や「希望」があることを理解しなくてはいけません。その期待や希望が「裏切られた」と感じたときに怒りの感情は沸き上がります。そのとき気をつけたいのが、その「期待」は実は自分の都合のよい考えで、相手に責任がないものであること。簡単にいえば、「勝手に期待して、勝手に失望して、勝手に怒りを覚える」ということで、とても一方的なものなのです。

怒りを覚えたときはまず、「相手に何を期待していたか？」ということを自分自身に問いかけ、理由を探ります。そうやって理由が明確になれば、相手に「こうしてほしかった」と冷静に伝えることができ、自分で怒りをコントロールできるようになります。

これを子どもに伝えるためには、たとえば子どもが友だちとケンカしてしまったときに、

「相手にどうしてほしかったの？」「どうすれば悲しかったことが相手に伝わるかな？」などとしつもんして、子どもに自分の感情と向き合う機会を与えます。これを繰り返すことで、自分の感情に気づき、コントロールし、建設的に相手にフラストレーションを表現する方法を子どもは学んでいきます。

訪れたことのない小さな街へ行き、そこで出会うやすれ違う人に元気にあいさつをするのも、子どもが建設的なコミュニケーション能力を育むのによい体験。そのときは、「あいさつすると、どんな気持ちになる？」としつもんをして、子どものなかの新たな発見を経験として蓄積するようにサポートしましょう。

また、世界基準のスキルとしてこの能力で求められるのは、文化的違いを理解して受け止める力や、価値観の違う環境で他者に共感する能力。この能力についての例として、日本女子フットサルリーグに所属する福井丸岡ＲＵＣＫの選手たちとポルトガル遠征に行ったときのことをご紹介します。

ポルトガルで世界大会が開催され、イギリスやスペインなどからもチームが参加していました。このときの選手たちの問いは「どうすれば、喜んでもらえるだろう？」、「どうすれば、日本に興味を持ってもらえるだろう?」、「どうすれば、日本の良さを伝えられるだろう?」というものでした。

そこで生まれたアイデアは、「浴衣」を持参してプレゼントすることでした。福井県の温泉地である、あわら温泉の旅館のみなさんに相談して浴衣を集め、ポルトガルで対戦後にプレゼントしたのです。相手チームのメンバーはそれを非常に喜び、試合後にビーチでの交流に招待してくれるなど、交流が深まりました。

ここで挙げられている能力はどれも重要で、世界で生きていくには不可欠といえるでしょう。将来世界で生きる子どもがこれらの能力を身につけるためには、親が成長する機会をたくさん作ってあげるサポートが大事になってきます。

しつもんを工夫することで学びが変化する

ここまで21世紀型スキルについてお伝えしてきましたが、この21世紀型スキルを学ぶ方法については、日本の学校指導要綱には載っていません。日本は独自の教育に関する指針を持っていて、それに従って学校教育が行われています。

ぼくは日本の学習指導要綱にも目を通していますが、結果として目指すところが同じであり、非常に素晴らしい内容だと思います。しかし、その指導のための方法については現場に任されている部分があり、21世紀型スキルのようにフレームワークになっていないため、先生によりアプローチが異なるのが現状です。

そこで出てくるのが、子どもたちへの問いかけの差。構成的な問いか、非構成的な問いというものです。もちろん、学校教育であれば指示も必要でしょう。

最初に説明したように、意図を含んだメッセージ性の強い、構成的なしつもんで子どもを導こうとするか、子どもの自主性を伸ばすために非構成的な自由な回答をOKとするのか。どちらのアプローチにもメリット・デメリットがあるうえ、複数の生徒を相手にする教師という立場では、一人ひとりに合わせるのは難しいでしょう。

すべてを学校に任せるのではなく、家庭や地域でできることはたくさんあります。

21世紀型スキルは経験で身につけることはできますが、そのときに行うしつもんにも注意があります。メッセージ性の強いしつもんは子どもが興味を抱くものでないと逆効果になるということ。「この21世紀型スキルを身につけてもらいたい」と思うものだったとしても、まずは興味を引くためのしつもんから始めましょう。

また、日常的な会話のなかからも、子どもが興味を持つことがあれば21世紀型スキルにつながるしつもんが生まれることがあります。そんなときに大事なことは、子どもが「もっと知りたいな」と感じるようなしつもんをすること。子どもからの問いかけにも考え方や答えだけを教えるのではなく、答えにつながるきっかけを与えることを意識してください。

また、大事なのはしつもんの種類だけではありません。子どもが自分で考え出した答えを受け止めることも同じくらい大事です。誤った答えだとしても、まずは肯定してどうしてその答えにたどり着いたかのしつもんを繰り返し、経験を成長に変えていきましょう。

Check Point

1章のまとめ

- ☑経験＋しつもんを活用することで
  21世紀型スキルを育むことができる
- ☑経験学習サイクルをらせん状に回し続ける
- ☑①いろいろな体験をする
- ☑②それをふりかえる
- ☑③教訓にする
- ☑④教訓を次に生かす

第2章

経験から
学びを引き出す
「ふりかえり」

経験して終わり、にしていませんか?

いままで経験を積むことの大切さを伝えてきましたが、それだけでは子どもの成長にはつながらないことがあります。せっかく景色がキレイな所に連れて行ったのに、感想を聞いたら「普通だった」と言われてしまい、がっかりしたことはありませんか?

でも、それは子どもだけのせいではありません。親が子どもに「キレイだ」と感じてほしいと期待して、それが叶わなかったから残念に思っているだけで、子どもにとっては「無理やり連れてこられた」としか感じていないかもしれません。最終的に目指したい姿は、子どもが主体的にその経験を行うことです。

ある少年サッカーチームが、海外遠征に行ったときの話をご紹介します。「本場でサッカーのレベルの高さを肌で感じてもらいたい」という監督やチームの思いからスペイン遠征に連れて行っても、何かを感じるかどうかは子どもたち次第です。実際、なかには何も感じないという子もいました。しかし、それは周りの大人たちのかかわり方の工夫が足りなかったのかもしれません。

子どもたちはスペインの選手たちと対戦することに興味を持ち、実際に体験しました。

その点まではいいのですが、「体験のしっ放し」だと、子どもによっては「すごかった」「うまかった」という単純な感想に留まることも。そのうち記憶が薄れていき、成長につながらないこともあります。**それを成長につなげるために大切なのが、記憶が新鮮なうちにその体験で何を感じたかを考える「ふりかえり」です。**

このとき、子どもたちの成長を促すために大切なのは、勝利が絶対条件のプロチームのようにデータ分析をして、的確な対処法をチームで共有して対策を練る、ということだけではありません。子どもの成長のため大人が行うのは、体験をふりかえり、考えるきっかけを与えるかかわりをすること。ぼくはその方法として「しつもん」を使っています。「すごかった」という簡単な感想であれば、「何がすごかったの？」と聞いて、「テクニック」という答えが返ってきたら「どんな場面でそう感じたの？」と深掘りします。

しつもんを繰り返していくと、うまくいったことや、うまくいかなかったことをふりかえり、最終的に「どのようにすればより良くなるか？」ということに気づき、その記憶は子どものなかに残ります。「自分で気づき、発見した目標」なら、子どもはその達成のためにエネルギーをかけるもの。そこにたどり着くためのサポートをすることが、ぼくたち大人ができることでしょう。

ふりかえりが重要視されるワケ

ふりかえりが成長のために大切というお話をしてきましたが、これは組織行動学者のデービッド・コルブの「成長のサイクル」という理論でも提唱されています。

この成長のサイクルとは、簡単にいえば、①いろいろな体験をする、②それをふりかえる、③教訓にする、④教訓を次に生かす、というもの。

サイクルというのは、最後の④の次が最初の①に戻って螺旋状に続いていくからです。このサイクルを回すことで成長を続けることができます。そのため、体験だけで終わらせず、「ふりかえる」ことで教訓につなげ、次に生かすのが大切とされています。

その「ふりかえり」をするときに気をつけたいのが、「失敗」だけに目を向けないこと。どうしても、親や指導者だけでなく子どもたち自身も「失敗」に目を向けてしまいがち。そうすると、ふりかえること自体が嫌になり、身構えてしまいます。しかし、すべての体験が失敗ということはありえません。もちろん成功体験もあるはず。ふりかえりは、そういった成功と失敗両方の体験を教訓にするのが大事なのです。

とくに気をつけたいのは、体験をふりかえらずそのままにすること。ふりかえらず次の教訓を得ていなければ、成長することは難しいでしょう。

体験のなかから成功を見つけ、その理由を知り、次も成功するようにその経験を生かす。失敗したなら失敗した理由をふりかえり、どのようにすればよりよくなるかのアイデアを見つけ、準備する。ふりかえりをするときは、その両面を意識しながら行うのがよいでしょう。

また、失敗のふりかえりを行うときに大切なのが、「失敗＝マイナス」というイメージを持たないこと。マイナスイメージでとらえてしまうと、失敗しないために挑戦をやめる、という選択をしてしまうからです。

しかし、失敗とは「挑戦がうまくいかなかった」ことでしかありません。裏を返せば、挑戦をしなければ失敗をすることはないのです。つまり、最初に「挑戦した」こと自体が前向きの行動。そのように肯定的にとらえたうえで、「うまくいかなかった」理由をふりかえり、教訓として次に生かせばよいのです。

同じように、ふりかえりをするしつもんは、過去の失敗で終わらせず、未来の行動にすることが重要です。野球でたとえるなら、「三振した」ことだけで終わらせず、「どうすればよかったと思う？」と聞くと、次にやればよいことが見えてくるでしょう。

「学びの島」海士町で実践するふりかえりの方法

ふりかえりが子どもの成長に大切なことが、顕著にわかる例があります。本州から高速船で3時間半の場所にある島根県の離島、海士町の高校の話です。

この高校は、2007年には島の若者の減少で廃校の危機に陥っていました。廃校になれば島外に若者が家族ごと越境してしまい、地元に戻ってこなくなってしまう。高校の廃校は島の存続にかかわる問題でした。

そこで島は、高校を魅力的なものに変えるための人材として、現学校魅力化プラットフォーム共同代表で島根県教育魅力化特命官の岩本悠氏を「高校魅力化プロデューサー」として迎え、魅力化事業をスタート。**いまでは越境入学を望む学生であふれるほどに生徒数がV字回復しています。**

それだけ人気が出た理由に「ふりかえり」があります。

全国初の学校経営補佐官である大野佳祐さんにお聞きした話です。この高校で行われた「ふりかえり」は、授業に携わる5人の先生とコーディネーターが1時間の授業について1時間ずつふりかえるというもの。授業が終わったら同じだけ時間を費やしてふりかえり、よりよい内容になるようにしたのです。授業の内容や校正、流れはもちろん、ことばづかい、生徒たちの反応を多角的にふりかえり、授業を改善しているのです。

もちろん、これは一例ですが、授業が魅力的なものになり、高校の評判もうなぎのぼりに。それ以外にも、島が用意した公立の塾や、寮を学生たちが運営することで自主性を育む環境なども併せて話題を呼び、島外からの越境入学希望者も2倍近くにもなりました。一時は廃校の危機だった高校としては信じられないほどの成果を上げたのです。

指導者側がふりかえりを徹底して行った授業だけでなく、公立の塾では「一人ひとりが自分の目標に合わせて学習の計画を立てて実践し、ふりかえって次の計画に生かす」という学びのＰＤＣＡを、学生たちが自主的に行えるように専門スタッフが指導。この地域を挙げての取り組みは、２０１３年に日本財団ソーシャルイノベーター支援制度において「教育魅力化による地方創生プロジェクト」が最優秀賞を受賞するほど「魅力的な教育」と評価され、さらに２０１７年には〝学校を核とした地域創生〟の海外展開モデル事業が、２０１７年度ＥＤＵ-Ｐｏｒｔ応援プロジェクトに採択されています。

ふりかえりを核とした教育モデルが、国内だけでなく、海外展開するまでの価値があると認められているのです。

自己中心的なふりかえりでは学べない

ふりかえりは学びのサイクルで重要なステップであることは間違いありませんが、その「質」にも注意が必要です。**ここでいう質とは、失敗などの問題を客観的に判断できるかどうかということを指します。つまり、自己中心的な判断をしていないかということです。**

たとえばバスケットボールの試合でシュートをはずしたときに、「運が悪かった」と失敗の原因を自分以外のものと考えてしまうと、教訓が生まれず、次に同じシーンになったときに生かすことができません。

また、バスケットボールの大会で優勝したという成功体験を「優勝したときと同じメンバーだからまた勝てるはず」などと、自己中心的にふりかえるのも望ましい方法ではありません。

以前勝ったチーム相手でも、相手選手の実力が上がっていたり、その日の天候・コンディションも異なるので、次も勝てるとは限らないからです。自分たちのほうにも、たとえば連覇のプレッシャーなどがかかって動きが悪くなり、力の劣る相手に負けることもあります。

そういった要素を考慮せずに自分にとって都合がいいふりかえり（決めつけ）をするこ

とは、現状を正しく見ることができなくなる知識の固定化につながります。子どもがそうならないためにも、ふりかえり内容には注意が必要です。

スポーツの世界だけでなく、子どもたちの成長についても同じことがいえます。

とくに、子どもは肉体的にも精神的にも変化が著しいもの。子ども本人もできると過信して失敗することもあります。

親も「以前できたから次もできるはず」「以前できていたのにできなかったのはサボったからだ」といった思い込みにとらわれず、その時々の状況を客観的にふりかえるように気をつけましょう。

成長のサイクルに大切なのは、何かの体験をするごとに客観的にふりかえり、教訓を見つけ、次に生かすように準備すること。成功した原因を客観的に判断するのは正しいふりかえりといえますが、「その原因が次回も通じるか」というのも、子ども自身がしっかりと考慮しなくてはいけません。

うまくいったときほど、ふりかえりは自己中心的になりがちなものです。子どもたちが自分たちで気づいていないときは、ふりかえりのときにきっかけとしてさまざまな角度からのしつもんを与えるのも、親や指導者の役目だといえるでしょう。

日常の経験から学びを引き出す

「体験から学びを得るように子どもを導く」のは難しいと感じる方もいるかもしれません。子どもとずっと一緒にいるわけではないし、一緒にいる時間に子どもが何かを体験する機会が多くはない。そんなことを思う人もいるでしょう。

そんなときは、日常のなかで共通する話題を考えてみましょう。会話から子どもが経験を得ることもあります。日常生活のなかで一緒に体験したこと、日常の会話のなかで共通して知っていることなら話題にもしやすく、しつもんも作りやすいでしょう。

たとえば、2019年のラグビーワールドカップで流行語大賞にもなった、「ONE TEAM（ワンチーム）」というスローガン。

毎回一緒に試合を見て、感想を話し合うという機会を作ることはできなかったかもしれません。しかし、連日ニュースにも取り上げられていたので、日常会話のなかでも話題に上がることもあったでしょう。

このとき、「ひとつになる」「みんなで協力する」といったことばの意味を理解しているかを聞いてみたり、「もし、あなたのチームがワンチームになったらどんな未来が実現できると思う?」としつもんしてみるのです。

テレビのなかのラグビー日本代表チームの話を「もし〜だったら」というしつもんは、子どもが日常にある体験を通じて、そこから考えやアイデアを引き出しやすい話題です。その答えに対して「なぜそう思ったのか」「そこからの学びは何か?」としつもんをすることで、会話のなかで新しい教訓を得るきっかけを作ることができます。

もちろん、食卓での料理についての感想や、一緒に見ているテレビや映画の内容、流れてくる曲など、話題は何を選んでも構いません。親子で共通する話題のなかで感想を聞き、そこに学びや教訓につながるしつもんをつなげていきましょう。

このとき気をつけるのは、子どもがその話題に対して興味を持っているかどうか。興味のない話題であれば、子どもは深く考えようとは思いません。子どもが何に興味を持っているのかを知ることが第一歩です。

また、ただ「どう思う?」というような乱暴なしつもんでは、「知らない」というひと言で会話が終わってしまうこともあります。子どもが興味を持っていないことなら、背景を伝えたり、映像を紹介するなど、興味を引き出してからしつもんするなど、伝え方を工夫するのも大事です。

子どもが話したくなるしつもんをする

日常のなかで、子どもと会話を交わして学びや教訓を引き出すという話をしましたが、「それがうまくいかない」と嘆く方もいます。その原因は何なのでしょうか？

ニュースで取り上げられているラグビーワールドカップやオリンピックの話題を持ちかけても、子どもは興味なし。子どもの成長のためにと願っているのに、そっけない態度を目の当たりにし、イライラが募り、声を荒げてしまう。そんな感じでしょうか。

子どもは正直です。そして親の「こう考えてほしい」という期待と意図をすぐに見抜きます。「こうしてほしい」「こうなってほしい」という親の思いを子どもは「やらされている」と感じてしまいます。子どもは「やらされている感」は大嫌い。そう感じた瞬間に反発して、そこでコミュニケーションをシャットアウトしてしまうでしょう。

話題をそらしたり、会話をやめてしまったり、すぐに「わからない」と返したりして、会話が続かないのは、子どもの拒否反応の表れ。思い通りの会話の流れにならないと感じるのは、相手をコントロールしようとする気持ちが見えているからかもしれません。

ここで大切なのは「子どもが興味を持っていること」に好奇心を抱くこと。「自分が話題にしたいこと」ではなく、「子どもが話題にしたいこと」に歩み寄ることで、日常にある経験を学びに変えることができます。

大人も子どもも、自分のやっていることや話に興味を持ってくれる人に心を開きます。子どもが宇宙に興味を持っているのであれば、「宇宙ってどうやってできたの？」「いくつもの星があるのはどうして？」「どうして地球には空気があるの？」と、好奇心を持って問いかけましょう。大人がすべてを知っている必要はありません。あえて聞くことで子どもは心を開きますし、困ったときの相談を親にもしやすくなります。自分の考えを受け止めてくれる親の問いかけであれば、子どもも答えてくれるもの。わからないことは「それはどういう意味？」と聞けば、わかるように教えてくれます。説明が拙くても、何がわからないかを伝えることで、徐々に説明もうまくなっていきます。

すると会話もつながるようになり、子どもは「話を聞いてくれる」と親との会話をシャットアウトすることがなくなるはず。また、普段から会話を密に行うことで、子どもが何を考えているのか把握できるようになります。

逆に「最近、何を考えているかわからない」と感じるなら、子どもにいろいろとしつもんをして、何を考えているか知りたいという気持ちを伝えるのがいいでしょう。

成長のサイクルを回す原動力は「どんな自分になりたいか」

繰り返しになりますが、スポーツや活動に対して「どんな自分になりたいか」「どんなことを実現したいか?」「どんなことを大切にしたいか?」といった目的や目標、信念(思い)を持ち、チームや学校、地域の人と「よい関係」(つながり)を築くなかで、子どもたちは経験から多くのことを学ぶことができます。経験から教訓を引き出し、次へとつなげることを繰り返していくと、体験から学びを引き出せるようになります。しかし、成長し続けるかといえば、そう簡単ではありません。なぜなら、やり方を身につけたとしても、それを続けるかは本人の意思と行動に大きく影響を受けるからです。

これは経験学習サイクルの壁のひとつ、「ふりかえりの壁(24ページ)」でも書きましたが、成長のサイクルを回し続けるのをやめてしまうことを意味しています。習慣化することは、大人でも簡単ではありません。それは子どもでも同じです。しかし、そこでやめてしまえば、それ以上成長することはなく、時間が経つにつれて過去の成功パターンも通じなくなることがあります。**これを防ぐために何が必要かといえば、成長の原動力となるモチベーションを常に意識すること。「何のためにやるか?」「どうして、やろうと思ったのか?」などの**

目的や初心を確認することで、子どもも「いま何をやるとよいか」をはっきり自覚することができます。

教育先進国であり、自立を促すフィンランドやドイツでは、幼い頃から家庭や学校で「どんな生き方をしたい？」と問いかけるそうです。**そこで子どもたちは「どんな自分になりたいのか？」を考え、時には変化させて目指す方向を確認しています。このように定期的に自分の「思い」と向き合い、その思いを成長させていくことが成長のサイクルを回す原動力になります。**このとき大事なのは、親や指導者などの大人も子どもの「いま」の気持ちを知ること。過去のことばにこだわって、いまの気持ちとズレたかかわりを続けてしまうと、子どもを苦しめることにもなりかねません。

成長と共に変化する子どもの気持ちを知るためにも、そして自分でその変化に気づけていない子どもの気づきを導くためにも、しつもんは大いに役に立ちます。「いま何を感じているのか？」「どうしてそう思うのか？」という問いでコミュニケーションをとっていけば、子どもの変化にも気づくことができ、その気持ちを受け止めてあげることができます。

また、そうやって自分をサポートしてくれる大人がそばにいると感じることで子どもも安心して精神的にも安定し、自分の内面と向き合う時間を持てるようになります。

いい関係が成長のサイクルを回してくれる

子どもたちの思いを育むことのほかにも、成長のサイクルを継続させる要素があります。それは、チームや学校、地域の人と「よい関係」を築く、つまり「つながり」を持つこと。

ぼくたち大人、とくに親は子どもに「幸せになってほしい」と願っていますが、「幸せ」とは何でしょうか？　人それぞれその答えは違いますが、ハーバード・メディカル・スクールが１９３８年から75年以上もかけて行ってきた「どんなときに人は幸福を感じるか？」という研究の結果があります。それが「いい人間関係」です。

「ハーバード成人発達研究」は75年以上にわたり、２つのグループの対象者の心と体の健康を追跡。対象となったのは、ボストンの貧民街出身の男性４５６人と、ハーバード大学を卒業した男性２６８人でした。

第二次世界大戦以前から、研究チームは血液サンプルをコツコツと分析し、脳スキャンの技術が登場したらそれを導入、アンケート回答を丹念に読み込み続け、被験者と実際に交流して、調査結果をまとめてきました。そして出た結果が、「よい人間関係がぼくたちの幸福と健康を高めてくれる」ということです。これは一回でなく、何度も何度も同じ結果が出たといいます。

この研究結果が当てはまるのはアメリカだけではありません。**成長する子どもの近くには、成長をサポートしてくれる他者とつながっている傾向があります。**

たとえば、不安や恐れを感じるような壁が現れたときには、背中を押してくれる仲間がいたり、経験をふりかえるときに自分では気づけなかった視点でアドバイスをくれるコーチがいたりするなど、成長する子どもの周囲には「手助けしてくれるだれか」が常にいるのです。

また、地域の人とのかかわりから新しいことを学び、親から認めてもらったり、褒めてもらったりすることで、スポーツや勉強にやる気が高まることがあります。

「子どもは地域で育てるものだ」。

これは、海外に教育視察で訪問すると、現地の先生が口々にいうことばです。

同じ経験をしていても、周囲といい関係を築き、多くのつながりを持つ子どものほうが、そうでない子どもよりも多くのことを経験から学べるといいます。

このように、「いい人間関係」は、ぼくたちを幸せで健康にしてくれるだけでなく、成長サイクルを回してくれる大きな力になるのです。

Check Point

2章のまとめ

- 問題や失敗だけをではなく、うまくいったこともふりかえる
- ふりかえりは多角的な視点を持ち、自己中心的になるのを防ぐ
- 「考えろ」ではなく、考えたくなるようしつもんを工夫する
- 目的や目標といった「思い」が成長を加速させる
- 他者とのいい関係（つながり）が経験から学びを生む

第3章

学びを教訓に変える

何を学んだかは人それぞれ違う

続けて、成長サイクルの３つ目である「学びを教訓に変える」ための方法です。これは成長サイクルでもっとも大切なプロセスです。**ふりかえりを成長へと結びつけるためには、体験を学びにしてその学びを次に生かす教訓にまで変化させる力が必要です。**

まず、体験をふりかえったときに見つけた失敗や成功の理由を整理します。失敗体験なら「なぜうまくいかなかったか」を自分なりに見つけ出し、次にそうならないために「どうするのがよいか」を子ども自身が気づくことが学びです。

大切なのは、体験を気づきに変えるために子どもが自分で考える習慣をつけること。その際は、必ずしも正しい答えを出せなくても問題ありません。もし間違えていたとしても、さらなる経験を通じて、自分なりの答えを見つけていけばよいのです。

そのときに注意したいのは、どんな答えであっても、子どもが出した答えは一度必ず受け止めることです。答えを否定されると、子どもは「自分が否定された」と感じ、考えることを嫌がるようになります。そうならないためには、たとえ間違えていたとしても一度受け止めて、「どうしてそう思ったの？」としつもんを繰り返しましょう。

このように、子どもが気づきを得て「どうするのがよいか」という結論に至るのは素晴らしいことですが、そこで終わりではありません。「気づき」が「教訓」にならないと、限定されたシチュエーションでしか通用しない「対処法」を見つけただけになってしまいます。

失敗をふりかえり、同じミスをしないために「対処法」を学ぶのは、一見すると正しく思えます。しかし、シチュエーションが変わると対処法で用意していたことが通用しないことがあります。そうならないためには、「なぜそうなったのか」「その場面ではどうするのがよいか」と場面に合わせた対処をするための考え方を見つけ出さなくてはいけません。

そうやって自分のなかで導き出した考え方が「教訓」なのです。**「教訓」は対処法と異なり、違う場面でも使える「考え方」。シチュエーションの変化に合わせて「どうするのがよいか」を考えることができるため、予想外の事態にも柔軟に対応することができます。**

ふりかえりを行い、理由を見つけ出し、「どうするのがよかったか」を考えることはもちろん大切なこと。そのうえで、ただの対処法ではなく、次に生かすことができる「教訓」へと変えることが自分でできるようになれば、子どもはどんどん成長します。

ふりかえりを「自分ごと」に咀嚼する時間を作る

ふりかえりを教訓に変えるためには、自分で考えることが大切なことをお話ししましたが、実際に行えている子どもはどれくらいいるでしょうか。

大人は答えを早急に求めてしまいがちです。子どもが自分で答えを出すのを待てずに、答えを先に出してしまうことがありますよね？　それを繰り返すと、子どもは「教えてもらう」ことに慣れ、自分で考えることをやめて「指示待ち」をするようになってしまいます。残念ながら旧来のスポーツの世界ではこういった例が多く、コーチの指示に盲目的に従う子どもたちの姿を多く目にしてきました。

このように指示待ちになった子どもの心のなかでは、「指示に従っていれば失敗しても自分のせいではない」という自主性と責任感の放棄が生まれます。これでは「他人ごと」であり、自主性がないので気づきは生まれず、責任感と気づきがないので教訓にもなりません。

子どもたちが生きる未来の社会は、ＡＩが発達して人間よりも正確に作業を行うロボットと共存する時代。残念ですが、自主性がなく正確に作業をできるだけの指示待ち人間が活躍する場は少ないでしょう。

そうならないためにも、ふりかえりを行い、自分で気づきと教訓を得るための練習が必要です。そうやって、ふりかえりを自分のなかで行うこと、つまり「自分ごと」にする習慣を身につける機会を作りましょう。慣れないうちは時間がかかるものなので、幼い頃からふりかえりを行う機会をしっかり作り、気づきを得るためのやり方を身につけ、それが当たり前になるまでじっくりと繰り返していきましょう。

このふりかえりは、「自分はどう思ったか」ということを理解する、21世紀型スキルの「メタ認知」能力（44ページ）を鍛えることにもなります。この能力は、気づきを得るための基本。「体験のことを何も覚えていない」では気づきも生まれないので、体験で何を感じたかを自覚することが必要だからです。

また、このふりかえりの過程で、「どうすればよかったか」と自分で考えることは、同じく21世紀型スキルの「問題解決」能力（42ページ）を育むいい機会。また、自分の考え方や行動で「こうすればよかった」という部分に気づくことで、次に似たようなことがあったときに自分がどうするのがよいかという教訓を導く練習になります。

このようにふりかえりを自分で行い、気づきを得て、教訓が蓄積されるようになると、子どもたちも自信を持って行動できるようになります。

しつもんは一文字変わると答えも変わる

多くの親や指導者は、子どもに「気づきを与えたい」、さらには「自分で気づきを得てほしい」と考えています。しかし、前述のようにその思いが強すぎて、「なんで勉強しないの!?」と、意図が見えてしまうしつもんをして失敗することも多くあります。

講演を行うと「どのようにしつもんしたら、子どもに気づきを与えられますか?」ということをよく聞かれますが、ぼくはいつもしつもんの「ことば」に気を使うようにお答えしています。

たとえば、「今日、いいこと何かあった?」というしつもん。これは「YES／NO」で答えられるクローズド・クエスチョン。ひと言で簡単に答えられる分、面倒くさがって「別に」と返ってくることも少なくありません。

それを「今日、いいこと何があった?」と変えてみましょう。

「何が」と聞かれることで、子どもは頭のなかで今日あったことを思い出そうと考え始めます。**これは、相手が自由に答えられるオープン・クエスチョンという方法で、「自由に答えていい」からこそ、「何があったかな?」と子どもが考え始めるのです。**

記憶を辿るなかで自然にふりかえりを行うことになり、そこから気づきが生まれます。ただの記憶のふりかえりや感想だけで終わって、気づきがないようなら「どうして良かったと思ったの？」としつもんします。

子どもは「どうして？」と問われることで、自分の気持ちを説明するために言語化していくので、考えがまとまります。また、相手に説明できるようにことばを選ぶなかで自分の行動をふりかえり、「こうすればよかった」という気づきも生まれます。

気づきを引き出すためのしつもんでは、「どう聞くか」「どんなことばを選ぶか」ということが非常に大事。子どもが自分で考え、気づけるようにするためには、「子どもが考えたくなる」ようにしつもんしなくてはいけません。

たとえば、サッカーの試合でシュートをはずしたときに「なんではずしたんだ？」と聞いても、「ミスをしたから」「相手がうまかった」としか答えられず、子どもは言い訳ばかり並べます。

しかし、「どうすればよかったと思う？」と聞けば、失敗の理由は教訓となり「ミスをしないように練習をしたい」「相手を避けて味方にパスする」というように、多くの気づきが子ども自身から生まれ、それを実行しようと子どもは自主的に動き始めるようになるのです。

大人は過去の「しくじった」経験を話そう

子どもとの関係で気をつけたいのが、「親が絶対に正しい」という支配にならないこと。こうなってしまうと、子どもが「自分で自分のために」ものごとを考えることができなくなってしまいます。これでは子どもは、親の望む通りの「イイ子」を演じようとしてしまい、自分の気持ちを表に出せない子どもになったり、親からの指示・命令がないと何もできない子どもになったりしてしまいます。

「親が正しい」だけではありません。「親の威厳を保ちたい」という大人の思いは、「親の考えに子どもを従わせたい」という欲求の裏返しです。子どもを支配しようとする気持ちであることを理解し、その考えを見つめ直しましょう。

子どもがすべて親の思い通りの行動をとるという状態は、子どもとの信頼関係がまったく築けていないことと同じ。親に対して委縮している状態なので、親の顔色をうかがう主体性のない子どもになってしまいます。

この状態の子どもに、たとえば「どうして学校に行くと思う?」としつもんすると「学校にはきちんと行きなさい」という意味で伝わります。しつもんの形をしていても、実際には指示や命令と変わりません。

子どもとの信頼関係を築く方法は、3つあります。ひとつ目は、ウソをつかないこと。2つ目は、言っていることとやっていることにズレがないこと。3つ目は、自分が失敗したことを話すことです。

ひとつ目のウソをついたり、2つ目の発言と行動が一致しないのは説明するまでもなく、信頼関係を壊してしまう行為です。続く3つ目ですが、「威厳」を気にするあまり、子どもに弱みを見せられない人にありがちな失敗です。「大人が言うことはすべて正しい」と子どもが思ってしまうと、自分で考えることを放棄してしまいます。

子どもは、「大人でも間違えることがある」「間違えたらやり直す」ことを、大人の失敗からも学びます。そのため、子どもの目の前で失敗したときは、素直に自分の間違いを認めることも大事。また、「しくじった」過去の経験を親が話すだけで、失敗から学ぶ経験になります。

体験が教訓になるのは、7割が直接体験（実体験）からといわれます。実体験の大切さを示す数字ですが、裏を返せば残りの3割は子どもが実際に体験していないこと、間接体験でも教訓になるということです。大人が失敗体験を子どもにたくさん話してあげることで、疑似体験の数が増え、学びや教訓を得る機会になるのです。

失敗はチャレンジした証

大人が「しくじった経験」を話すのが大事だと書きましたが、それは失敗経験の一部として間接的に経験を得ることになるからです。同じように、子どもが実際に失敗することも経験として大切なことです。

「失敗」というと、大人も子どももマイナスイメージを持ちますが、失敗は決して悪いことではありません。むしろ、子どもの失敗は成長において非常に大切なものなので、どんどん失敗させるつもりでいたほうがよいともいえます。

失敗はチャレンジの証。逆にいえば、完全に社会と隔離された環境で何もせず、だれとも接しなければ、失敗することもないでしょう。しかし、それでは社会生活を営むことはできませんよね。そのためにも、将来子どもが社会に出ていくためには失敗から学ぶ力を身につける必要があるのです。

たとえばサッカーの試合でシュートをはずしてしまったとしても、それは点を取るために行ったチャレンジの結果です。ゴール前でボールを持ったのにシュートを打たなければ、はずすこともありません。しかし、点を取るという目標に向かう行動ではありません。たとえミスをしたとしても、目標に向かって行動したことが評価されることでしょう。

このように失敗は、ふりかえって「なぜそうなったのか」に気づき、次にどうすればよいかという教訓を得ることができる、体験のひとつなのです。もちろん成功体験も体験のひとつですが、何となくうまくいった成功体験よりも、失敗体験のほうが強く印象に残り、より深くふりかえることができます。失敗をふりかえるときにまず大切なのが、「失敗はチャレンジしたからこそ起きること」という大人側の受け止め方です。何かをうまくやろうとして、うまくいかないのが失敗で、何も意図せず行ったことは結果でしかありません。**失敗は「チャレンジした証」。その前向きな受け止め方を子どもができるようになるためには、子どもが失敗してもチャレンジをしたことをまず評価してあげましょう。**そのうえで失敗経験をふりかえり、教訓につなげられるように子どもをサポートします。

ある少年サッカーチームの指導をしていたときの話です。練習内容のレベルが少し高かったために子どもたちに「うまくできないからこの練習やめようか」と伝えたところ、「コーチ、できないからやるんだよ」と答えが返ってきました。

自分で「できないこと」を受け入れ、「やれるようになるために練習する」ことを自分で決めていたことがわかり、非常にうれしく思った例です。

結果ではなくプロセスに焦点を当てる

現代社会は、とくに結果が求められます。理想とされる結果が目標として設定され、それに向けて行動をすることが正解とされ、そのための最短コースを突き進む、効率のいい方法が大人の世界では求められてきました。

それが子どもの教育にまで及ぶようになったのが、現代の日本の教育だと思います。将来いい大学に進んでいい会社に就職できるように、ということで、近年の学歴社会が形成されました。子どもは小さいうちから有名中学校に入学するために塾に通い、勉強ばかりで友だちと遊ぶこともない、という教育を受けて大人になった人もいるかもしれません。

しかし、この方法だけが正解であるとは思えませんし、学習指導要綱でもこのような効率重視で難関校に合格することは目的とされていません。効率だけを目的にした極端な例だといえますが、これまでの日本ではそんな方法がとられてきたことも事実でしょう。

目標を設定して、その達成のために努力をすることは、大切なこと。しかし、気をつける点は、目標が目的にならないことです。「目標の目的化」ともいえますが、必ず成功しなくてはいけないとなると、結果を求めてそれ以外を切り捨ててしまいがち。もし目標を達成したとしても、その先の人生とつながらなくては意味がありません。しかも、結果が出なかったときには、何も残らないでしょう。

たとえば、高校野球で「甲子園に出場する」ということを目的にしてそれを実現したとしても、予選で無理をしてその先に野球を続けられないケガをしたら本意ではないでしょう。また、甲子園出場という結果を出すことだけを目的にしていた場合には、出場できなければどんなに努力しても失敗となり、努力した過程が評価されることもありません。

子どもが将来社会で生活するうえで必要なのは、結果に至るために何を行うとよいかを学び、教訓として蓄積することです。これは、結果だけを求めることでは学ぶことはできません。**そのため、プロセスに注目し、失敗や成功などの経験を通じて最終的な目標を達成するための力を身につけることが大事です。**逆にいえば、プロセスがしっかりしていれば結果はついてくるものなのです。

それがわかりやすいのが、一流のプロスポーツ選手の試合後コメント。世界で活躍する選手が試合で浮き彫りになった問題点を把握して「次に向けて準備をします」ということばは、目標へのプロセスを正しく行っていないと結果に結びつかないことを表しています。それは子どもでも同じ。成功に至るためには、プロセスに注目してそれを改善しましょう。

学びを教訓に変えて自分のことばにする

成長のサイクルを自分で回すことが、21世紀型スキルの習得のために大切という話をしてきました。**その成長のサイクルの最後のステップが、経験による気づきを「次に生かす教訓に変える」こと。そこで非常に有効なのが、「自分のことばにする」ということです。**

ビジネス書を読んだり、偉人のことばを聞いて教訓を得るのはよくあることですが、それを自分のものにするのは大人でも難しいもの。それは、実体験ではない間接体験だから。人は、実体験は深く心に残りますが、間接体験を学びに変えることは難しいものです。

そのような間接体験を自分自身の体験とし、教訓として生かすために有効なのが、「自分のことばにする」ということ。間接体験を咀嚼して自分のことばに置き換えることで、実感を伴った経験に変化します。

スポーツ指導でよく行うのが、コーチのことばを自分のことばに置き換えて、別のメンバーの前で発表すること。コーチの意図が伝わっているかの確認という意味だけでなく、自分のことばに置き換えることで理解が深まり、教訓として根づくことを狙った方法です。この方法は、同じことばでもメンバーによって受け止め方が違うことに気づくことができ、より理解が深まるほか、多様な考え方を受け止める練習にもなります。

もうひとつ間接体験を自分のものにするために有効なのが、間接体験で得た教訓を別のだれかに教えるという方法です。これは、自分がその内容を本当に理解していないと、説明をした相手の「なぜ？」に答えられないので、自分のことばに置き換える力を磨くことにもつながります。

そのとき、よくあるのが、教訓のことばをそのまま持ってきてしまうこと。大人でもニュースを見て内容を理解したつもりになって、他人に説明しようとしてニュースのことばをそのまま使い、ことばの意味を聞かれて答えられないことがありますよね。これは、間接体験を学びに変えられなかったことを示しています。

大人でもそうなのだから、子どもだってそうです。「理解したつもり」を防ぐには、「なぜ？」と問いかけて、気づくきっかけを与えましょう。

自分のことばに置き換え、それを人に伝える練習をしていくと、メタ認知能力が磨かれるほか、伝えるためのことば選びを覚えてコミュニケーション能力も高まります。また、間接体験から教訓を蓄積することで、問題発見や解決の能力も鍛えられるなど、21世紀型スキルを総合的に身につけるのに非常に役立ちます。

教訓を引き出しただけで満足しない

成長のサイクルで大切なのは、らせん状のサイクルを回し続けること。体験からふりかえり、気づきを教訓として蓄積し、次の経験で生かす、の繰り返しです。流れを理解すれば簡単なように見えますが、実際に実行するには壁があります。

その壁が24ページでも取り上げた「ふりかえりの壁」です。これは、成長サイクルのために行う体験を自主的にふりかえり、教訓にする流れが続かないことを意味しています。

たとえば試合に負けてしまったり、大きな失敗をしてしまったりしたときは、非常に意識が高まっているため、ふりかえりをして教訓にすることに積極的です。しかし、その教訓を生かす機会がすぐにやってくるとは限りません。間が空いてしまうと、せっかくの教訓を忘れてしまうこともあります。

また、強いインパクトがあると人は意欲が増しますが、そのような強い意欲のある出来事の後だと、インパクトが弱い出来事についてふりかえりや教訓にしようとしても、意識が高まらずなかなか実現できません。また、強いインパクトがあったことであっても、記憶が薄れてしまえば、意欲も薄れてしまうものです。

このようにインパクトの強い出来事を成長サイクルを回すための動機にすると、継続することが難しくなります。それよりも、日常のなかのことで成長サイクルを回せるようになると、習慣に結びつきやすくなります。

たとえば、テレビを見ていて「これは何だろう?」「なぜだろう?」と疑問を持つこと。子どもは、興味が湧けば、「知りたい」と思って自分から調べたくなるものなので、「なぜ?」という疑問を引き出せれば、「こうなんだ!」という答えを見つけ出します。

そのとき、「図鑑には、たくさんの情報が詰まっている」ということを知らなければ、「何を使えば見つけられるのかな?」としつもんをすれば、「調べものがあれば図鑑を見ればいい」という教訓にたどり着けるでしょう。

しかし、そこで満足してはいけません。**子どもが教訓を得た後に大事なのは、次に生かせること。次の機会までに間が空いて忘れてしまうこともあるかもしれませんが、そのときは「前のときはどうやって解決したかな?」としつもんして、過去の体験を思い出すなど、きっかけを作ることが大切です。**

行動するからこそ変化が起き、新しい学びが生まれる

ＩＣＴリテラシー（64ページ）でもお伝えしましたが、明らかに危険なことでない限り、子どもの行動を制限するのはおすすめできません。**子どもの行動を制限して得られる安全は、子どもが成長するためによいとは限らないからです。**

最近と昔の衛生観念の違いもいい例です。ぼくが小さい頃は、公園の砂場などで子どもを遊ばせるのは当たり前でした。しかし、現在では「不衛生だから」といって子どもを砂場に近寄らせないことも多くなっています。

ぼくが聞いた産婦人科の先生の話では、胎児は出産の際に産道でさまざまな菌と一緒に生まれることで、菌に対する最初の耐性を身につけるのだそうです。そして、幼児の頃にさまざまなものに触れ、時には口にすることで多くの菌を体内に入れ、それによって丈夫な体になるといいます。それが、近年では乳児や幼児の触れるものはすべて殺菌され、幼い頃に菌に触れることが少なくなりました。直接的な因果関係は証明できないものの、近年のアレルギー体質の増加などとも深い関係があると考えられています。

体質だけでなく、子どもの内面の成長も同じことがいえます。何も体験させず、失敗さ

せずに育った子どもは、豊富な経験を積んだ子どもに比べて「何かあったとき」にどう対処するかを考える力が足りず、社会との接し方がわからない子どもになってしまいます。

また、子どもにはどんどん新しい体験をさせたいものです。子どもが「やってみたい」ということは、多少の問題があると思っても、その問題点に気をつけるように前もって伝えたうえでやらせてあげましょう。小さい頃は言うことを聞いていても、成長すれば子どもは禁止してもやりたいことをやるものです。目の届かないところで危険なことをする前に、親の目が届く範囲で体験したほうが結果的に安全ですし、親が応援してくれていると感じていれば、自己肯定感が育まれると同時に、態度を変える姿勢も育まれるでしょう。

新しい体験は、親が想像している以上に子どもの世界にも変化をもたらします。初めての体験が新しい興味を引き出し、そこから「知りたい」が生まれます。たとえば、たった一度の海外旅行で将来の夢が「海外で働くこと」になったり、世界の問題に目が向いたりすることだってあります。外国語に興味を持ったり、その国の文化や自国の文化に興味を持ったりすることもあります。

親が考える問題や危険を伝えたうえで新しいことにチャレンジする機会は、子どもの成長にとってプラスになることなのです。

行動を引き出すコツは、目標を小さくすること

「ウチの子どもはなかなか行動しなくて」という相談を受けることがあります。これは、子どもが失敗を恐れているからだとぼくは思っています。

行動を起こさない子どもは、行動の結果を過大評価しているもの。「失敗したら怒られる」「馬鹿にされるかも」と、失敗によって傷つくことを恐れているのです。この気持ちを抱いている子どもは、なかなか新しいことを始めようとしません。

こういった場合は、まず「失敗」してもいいことを伝えてあげましょう。そして小さなチャレンジへと導き、成功しても失敗しても受け止めてあげましょう。失敗を恐れないようにするためには、根気強く続けていくしかありません。

また、なかには目標を大きく設定しすぎて「できるわけがない」と諦めてしまっている場合もあります。そんなときは、最終的な大きな目標だけでなく、その道に至るための小さな目標を立てることから始めます。

たとえばサッカーを始めたばかりの子どもなら、いきなり「リフティングを100回やる」という目標を立てても、実現までの道のりが遠く、途中でくじけてしまいます。そこで、

「最終的に100回できるようになるといいね」と大きな目標を立てながらも、「最初は10回」と小さな目標を立てることから始めるとよいでしょう。

10回を達成したら次は20回というように、徐々に達成目標を上げていくようにゴールを細かく設定すれば、目標を達成するための成長サイクルが回り始めます。小さな成功体験は子どもの自信となり、「もっとできるようになりたい」と自分から進んで動くようになります。

そのとき大事なのは、大人が目標を決めないこと。子どもが自分で立てた目標が大きすぎて達成が難しそうな場合には、一度受け止めたうえで、その手前に小さな目標を立てることを提案したり、自分でまずクリアする第一段階に気づくように導いてあげることが大事です。これは、大人が目標を決めてしまうと、子どもにとって「自分ごと」ではなくなり、達成できなかったときに大人のせいにしてしまうからです。それでは子どもの自主性を育むことにはなりません。

目標を立てて、それに向かって自分でやることを決め、実践する。そしてその結果を自分の責任として引き受ける。成長サイクルは「自分で決めて自分でその責任を負うこと」を子どもが学ぶために行うものなので、大人はサポートに徹しましょう。

「子どもが自分で決める」を尊重する

子どもが21世紀型スキルを身につけるためには、親や指導者など大人のサポートは不可欠です。また、前述（117ページ）したように子どもが体験を通して気づき、教訓を得る方法を身につけても、そこで導き出した答えが正しいものとは限らないため、大人は子どもの出す答えを注意深く見守らなくてはいけないでしょう。

そこで最後に問題になるのが、子どもの出した答えが大人の考える正解とどうしても一致しないとき。「わざわざ苦労をする道を選ぼうとしている」といった場面です。

このとき、親であれば「それよりもこっちの道のほうがいい」というアドバイスを伝えたり、気づきを与えるためのしつもんをしたり、メッセージ性の強いしつもんを投げかけたりするでしょう。しかし、それでも子どもが気づかないとき、気づいても意見を変えないときがあります。

そんなとき、子どもの意見を無理に押し曲げ、大人の考える正解へと向かうように指示や命令をするのはＮＧ。そこまで築き上げてきた「子どもを尊重する」という姿勢が根底から覆り、子どもとの信頼関係が崩れ去ってしまいます。

このような、子どもの意思が固いときに、親ができることは限られています。**それは、「自分の行動の責任を取るのは自分である」ということを子どもに伝えること。本人の意思を確認するとともに、失敗したときのリスクにも視点を向けられるように「こういう結果になったらどうする？」という問いかけで、ポジティブな未来とネガティブな未来の両側面に光を当てることが大事です。**そのうえで、失敗したとしても考え抜いた上での決意で行ったことであれば、子どもも納得して結果を受け止めることができます。

親は子どもに幸せになってほしいと思っていますが、子どもにとっての幸せは、親の考える幸せとは違うかもしれません。極論をいえば、子どもが親の願い通りに幸せにならなくても、それは本人の選ぶ道。決めるのは子ども自身です。

自ら考え、選択して、未来を生き抜く力を身につけることを願って子どもの成長を見守ってきたのであれば、子どもの最終的な決断を尊重しましょう。

子どもが経験から学ぶ力を身につけ、自らの意思で決めた道を進もうとするとき選ぶ道は、親の思い描いた道とは違うかもしれません。しかし、そこで親の思いを振りかざすのではなく、「どう育ってほしい」と願ったのかを思い出して、子どもの選択を尊重し、応援してあげましょう。

21世紀型スキルの育成の前に

ここまでは21世紀型スキルを、その能力を磨くのに適したしつもんやゲームとともにご紹介してきました。ここで注意してほしいのが、21世紀型スキルを身につけることを「最終目標にしない」ということ。

「目標を決めて、それに到達するための方法を考えて努力する」。これは20世紀から続く、経済主義的な考え方ともいえます。「高い目標を掲げ、達成するためには何をすべきか」と考え、もっとも効率的な方法を選択する効率至上主義ともいえるでしょう。この方法は、ワーキング・バックフォワード・フロム・ゴールと呼ばれるもので、経済や政治だけでなく、あらゆることで「効率的に目標を達成する」ことが重要だとされています。これは、現代の大人たちの考え方の基本になっているといえます。教育についても同様で、その結果が、「お受験」や「学歴社会」でしょう。

しかし、この考え方の怖いところは「目標が目的化する」という点です。

高校野球の例を挙げると、「野球が好きだから甲子園に出たい」というのは「高いレベルの舞台で活躍したい」いう気持ちがスタートだったはずなのに、「甲子園出場」が最終目標にすり替わり、実現できた時点で目標を失ってしまうのです。「燃え尽き症候群」ということばがありますが、それと同じように虚脱感を感じてしまいます。21世紀型スキルをそれと同じにしてはいけません。

21世紀型スキルとは、「持続的に充実した人生を送るための能力」であり、身につけたら終わり、ではありません。大切なのは子どもが「スキルを身につける」ことではなく、「幸せな人生を歩む」ことですよね？　そのためにも、スキルを身につけるのは「目標」で、幸せな人生を送ることが「目的」であることを忘れないようにしてください。語学力や計算力と同じように、21世紀型スキルも子どもが身につけ、自分自身でその後に生かせてこそ意味があるのです。

そこでお伝えしたいのが、ぼくたち大人が子どもと接するときのための「心構え」です。子どもたちは、大人の「こうなってほしい」を敏感に感じ取ります。**ことばでうまく取り繕ったり、建前を並べたりしても、信頼関係を築くことはできません。子どもを対等な人間であると認め、本音でかかわると大人が決意しなくては、子どもが成長して自立することは不可能です。**そのためにも、次ページからの「大人の心構え」をぜひ一緒に実践していきましょう。

初めに「約束」をする

心構えの最初は、子どもをひとりの人間として尊重すべきということ。裏を返すと、子どもの意思や気持ちを否定しない、ということになります。

大人は「正しいこと」をつい求めてしまいがちですが、子どもに正解だけを求めてはいけません。間違いも経験してこそ子どもの力になるからです。そのため、まずは「子どもの出した答えを尊重する」ということを自分自身と「約束」することが大事です。

大人になると、「こうすべき」「こうしなければならない」というしがらみや建前が増えて行動することも多くなります。しかし、それを子どもに押しつけてはいけません。「21世紀を生きるために必要な能力を子どもに身につけさせたい」と思うのは、子どもに幸せになってほしいと願うからこそです。しかし、その思いが強すぎて、大人が考える「貴重な経験」を無理強いしたり、「やるべきだよね」とYESしか言えない問いで誘導してしまうのは逆効果。「やらされた」と感じた経験からは何も生まれてきません。

子どもとかかわるときに大事なのは「子どもの気持ちを尊重する」こと。そして、子どもがそれを感じて、安心してチャレンジできる環境を整えることなのです。

観察をする

では、子どもとかかわって、未来に必要な能力を身につけるサポートをしようと考えたときには何から始めるとよいのでしょう?

それは、**子どもが「いま、どのような状態なのか」を正しく理解すること。そのために必要なのは「観察」です。この観察は、子どもをただ見るだけではありません。子どもと会話を重ね、子どもがいま何を考えているのかを理解することも含まれます。**

たとえば、しつもんをしても子どもが答えられないとき、「自分の気持ちをわからない」のか、「わかっているけれどことばを探している」のか、「わかったけれどことばにできない」のか、といったように、子どもの状態はさまざまです。そのときは、子どもの顔や仕草などを注意深く観察してみましょう。

このとき正しく見極めができないと、気づきをサポートすればいいのか、ことばを見つけるしつもんをすればいいのかなど、どんなアプローチをすればよいのかが判断できず、的確なサポートをすることができません。そんなときには、焦らずに子どもの答えを待つのもひとつの支援です。

信じる

「信じる」とは、子どもがどんな選択をしても、その子どもなりの幸せになる過程をたどっていると信じることです。この心構えができていないと、子どもに干渉しがちになり、結果として子どもの成長や自立を妨げてしまいます。

ぼくたち大人は、子どもが間違えた選択をしそうなとき、「それは間違っているよ」と言いたくなりがち。しかし、それが子ども自身で考えて選んだものであれば、たとえ失敗することがわかっていても、口出しをしてはいけません。**何度失敗したとしても、それが子どもの経験となり、成功したときに自信になるからです。その繰り返しで積み上げた自信が、子どもが自分自身で道を選択するときの力になります。**

小さな失敗なら大きな問題はなくても、人生においては大きな選択を迫られるときもあります。そんなとき「子どもの意思・選択を尊重する」というのは、親にとっても難しいもの。しかし、子どもから選択肢を奪って失敗を回避させたとしても、子どもの自立を妨げるのと同じ意味になります。そうならないためにも、親は子どもが自分で道を選び、その先で幸せをつかみとると信じて見守りましょう。

選択の自由を与える

子どもにいろいろな体験をさせてあげたいと親は考えるものです。しかし、やりがちな失敗が、たくさんある選択肢のなかから「これをやりなさい」と親が選択肢をひとつに絞ってしまうこと。これでは、子どもはやる気を失いやすくなります。

子どもにとっても、ほかに選択肢がないしつもんは指示と大きな違いはありません。自分で選べなかったり、「選ばされた」と感じる問いかけでは「自分ごと」にならず、せっかく何かを体験しても、そこから学びを得るのは難しくなります。

子どもにしつもんをするのは、最終的に「どうしたい？」という意思を子どもが自分で決める経験を積むためです。選択肢を示さない問いかけは、大人にはあいまいに感じるかもしれません。しかし、自由に考える幅があるほうが、選択肢のないしつもんより子どものやる気と行動を引き出すことができます。

また、何をやりたいのか自分で決めることで、その決断の結果と責任を受け止める経験になります。そのように「自分ごと」の経験をたくさん積んでいくことで、自分の軸が徐々に形づくられていきます。

子どもの責任を奪わない

ぼくたち大人は、子どもにたくさんの「期待」をします。しかし、だからといって過干渉になってしまうのは考えもの。とくに子どもの成長を願うのであれば、「責任を奪わないこと」がとても重要です。

大人の考える成功が、子どもにとって最善のものとは限りません。子どもが何かをやるときに最初から成功することは少なく、何度も失敗をします。**これは、自分の選択が間違えていたことで生じた「責任」を負うという経験。失敗を繰り返すなかで「どうすればうまくいくのか」「失敗の責任は自分がとらなくてはいけない」ということを学びます。**そういう経験こそが、子どもが成功をつかむための本当の力を育みます。大人が無理やり成功体験に導くのは「責任」と「成長の機会」を同時に奪うことになるのです。

親としては子どものためと思っての行動でも、それは子どもの自立にはつながりません。また、子どもにとっては、親が成功体験に導くのは、自分の力を信じてもらえていなかったという意味にもなります。そう思われてしまったら、子どもとの信頼関係も崩れてしまいます。

いまを楽しむ

子どもの成長のことを案じる人ほど、非常に真面目だといえるでしょう。しかし、そうであることが、子どもの成長にとって最善であるとはいえません。むしろ真面目であればあるほど、大人の期待通りに物事が進まない場合、力を抜くことができずにストレスを抱えてしまいます。そんな状態では、子どもに悪影響を与えてしまう原因になったりします。

スポーツの世界でも、よいパフォーマンスを発揮するためには、「力を抜く」ことが大事です。力み過ぎていると、よいパフォーマンスができないのです。そして、**ぼくたち大人は、未来の子どもの姿に思いを馳せるあまり、「いま」を軽視してしまうことがよくあります。しかし、子どものためを思っていることが、子どもの自由な考えや体験を妨げることになっては本末転倒。**スポーツも人生も、うまくいっているときもあれば、そうでないときもあります。どんな状況であっても「いま」を楽しむ姿勢が大切。

自分を満たす

成長期の子どもを持つ親は、忙しい方が多いのではないでしょうか。ぼくがメンタルコーチを務めるチームの保護者の方からも、たくさんの相談が届きます。

それは、忙しいなかでも「子どもの成長のために」といろいろと頑張っていると、精神的な疲労がたまってネガティブになってしまうということ。**心に余裕がないとイヤな自分になり、それが「子どもに悪影響を与えてしまうのでは」という心配です。そんな親御さんにぼくがするのは「自分を満たすために、できることはなんですか?」というしつもん。**たとえば、忙しくて心に余裕がなくなって子どもに迷惑をかけると思うなら、正直に子どもやご主人に相談して家事から離れてのんびりする時間を作る。自分が夢中になれる趣味を始めてみる。忙しくて離れていた友人たちと会う……。

人によってストレスを解消する方法はそれぞれだと思いますが、自分を満たすためにできることを探し、その機会を作ってもらいます。大事なのは、「伝え方を学ぶより自分の心を満たし、心の余裕を作ること」。ぼくたち大人が日々を機嫌よく過ごすことが、子どもにとっては何よりのサポートとなります。

Check Point

3章のまとめ

- 同じ体験でも、学びは人それぞれ違う
- どんなかかわり方も信頼関係がベース
- 子どもは「自分で決めること」でやる気が高まる
- 失敗はチャレンジした証。前向きに受け止め、評価する
- 子どもは大人のしくじった経験を追体験して学ぶ

column 02

仲間と気づく経験／関係性の変化

子どもは成長すると、親以外のだれかと一緒に行動することも増えていきます。幼稚園や学校などでの集団生活は、「集団のなかの個人」としての経験の宝庫。そんな集団行動で気をつけたいのが、協調性と自己主張のバランスです。自宅では「好きなことをやっていい」と言われて自由に過ごしていた子は、集団のなかでは「わがままで自分勝手」と思われてしまうこともあります。

そんな場合には、「あなたがやりたかったことは何かな？」という「しつもん」をしましょう。その際にも「命令」や「指示」はなるべく避け、周りの友だちの「大切にしていること」とのギャップに気づけるように、しつもんするのがおすすめ。仲間と同じ方向を向く経験を積むことで、コラボレーション能力が向上していきます。

何かの問題解決に取り組むとき、仲間と一緒に思考するのは非常に効果的です。たとえばスポーツチームのふりかえりミーティング。同じシーンでも、当事者と周囲からでは見え方や感じ方が異なるため、客観的な事実を抽出する力を育むことになります。仲間との経験は、行うほどに関係性が深まり、深い信頼関係で結ばれるようになります。また、仲間の多くからの信頼を勝ち取ると、やがてリーダーに選ばれることも。

初めてリーダーになる子どもは、グループの考える方向を統一する難しさに直面するでしょう。その際も「相手の立場だったらどう感じる?」としつもんをして、問題解決のきっかけを見つける手助けをしてあげます。仲間との経験は、子どもの社会性の成長に欠かせないもの。大人が「指示」をし過ぎて自分で解決する機会を奪わないように、注意しましょう。

付　録

21世紀型
スキルを鍛える

みんなでできる
チャレンジ
ゲーム

◉ゲームの種類	◉使う道具	◉想定人数
つながる	特になし	2名～何名でも

STEP3 人数を増やし、4人グループで共通点探しをする。

何を行うかを説明する。

「次はチャレンジレベルを上げるよ。今度は4人。4人の共通点を探し出してみよう。時間は同じ2分間。よーい、スタート！」

注意点

「全員が男子」とか「3人ともスカート」などの見える共通点ではなく、“見えない共通点"を見つけるよう伝える。

バリエーション

「人数を増やす」「共通点の数を増やす」「大人と子どもで集まる」などで、チャレンジレベルを上げることができる。

ふりかえりのしつもん

●共通点が見つかると、どんな気持ち？
●このゲームをやる前とやった後で、どんな変化があった？
●どうすれば、もっと見つけられたと思う？

05 共通点さがし

◉所要時間

20分

◉磨かれる能力

批判的思考／問題解決／意思決定／コミュニケーション／コラボレーション

準備

特になし

進め方

STEP1 最初は2人ずつ集まる。

何を行うかを説明する。

「これから、2人で1つのしつもんに答えてみよう。しつもんは『2人の共通点は何ですか？』。2人で協力して、たくさん見つけ、その共通点を紙に書き出していこう」

ルールと安全上の注意を伝える。

「ただし、条件があるよ。条件は、目に見えない共通点。髪の毛が黒だね、眼鏡をかけてる、といったのは、目に見えるのでダメ。制限時間は2分間！　よーいスタート」

STEP2 グループごとに集まった仲間の共通点探しのおしゃべりをする。

2人の共通点を見つける話し合いをする。

「はい、2分間終了！　では、何個見つかったか教えて。グループごとに発表してみよう」

◉ゲームの種類	◉使う道具	◉想定人数
チャレンジ	フラフープ	8名～何名でも

STEP3 失敗や意見の対立についてふりかえりをする。

できなかった場合のふりかえり。

活動中のことを思い出す。そこで出てきた課題について、「どのようにすれば、できるだろう?」という問いをもとに、みんなで考える。

再チャレンジする。

ふりかえり後、再チャレンジする。

注意点

特になし

バリエーション

●喋ってコミュニケーションをとれる人を限定する。
●利き手ではない手でチャレンジする。

ふりかえりのしつもん

●どんなかかわりを大切にしたい?
●対立が生まれたら、どうしたらよい?
●チームで気持ちをそろえる秘訣は何?
●気持ちをひとつにするには何が必要?

06 ヘリウムリング

◉所要時間

45分

◉磨かれる能力

批判的思考/問題解決/意思決定/コミュニケーション/コラボレーション

準備

フラフープ(×チーム数)

進め方

STEP1 1チーム8人程度のチームを作る。

何を行うかを説明する。

「ここにフラフープがあるよ。このフラフープを、チーム全員で指に乗せて、床に降ろすという簡単なゲームだよ。制限時間は20分間。ただし、ちょっと条件があるよ」

ルールと安全上の注意を伝える。

「人差し指だけ出して、手を握るよ。握ったこぶしは内側を横に向いたまま(手のひらを上に向けてはいけません)、その人差し指の上にフラフープを乗せるよ。指の腹ではなく、横の部分にフラフープが触っていることになるよ」

STEP2 目の高さからフラフープを降ろす。

「フラフープが目の高さの位置にくるようにして、みんなで持ち上げたらスタート。フラフープを下に降ろしていくよ。ただし、絶対にフラフープから指を離してはダメ。ひとりでも指が離れたら、そのチームは目の高さからやり直し。床まで全員の指がついたら、みんなで声を合わせて指を抜き、課題達成だよ」

◉ゲームの種類	◉使う道具	◉想定人数
つながる	特になし	8名～何名でも

STEP3 手をつないだまま、4つの形を作る。

「表向きのオープン」から始めて、残り3つの形を、つないでいる隣りの人の手を離さずに作ってね。どんな順番でもいいよ。制限時間は10分間です。それでは、スタート！」

注意点

Step1の「手のつなぎ方」をしておけば、途中で痛くなることも、ねじれて完成しないということもなし。もし痛いと思ったら、「痛い！」と言うように伝える。

バリエーション

タイムを計って、より速いタイムにチャレンジ。

ふりかえりのしつもん

●みんなでひとつのことをやるには何が必要？
●話し合うときに何が大切？
●どうすれば速くできた？

07 あやとり

◉所要時間

20分

◉磨かれる能力

批判的思考／問題解決／意思決定／
コミュニケーション／コラボレーション

準備

特になし

進め方

STEP1 みんなで手をつないでサークルになる。

何を行うかを説明する。

「みんなで手をつないで、サークルになるよ。手を離さずに、いろいろな形を作るゲームだよ」


ルールと安全上の注意を伝える。

「手のつなぎ方は、右手の手のひらを上にして、右隣りの人の前に出してね。次に自分の前にある左隣りの人の手のひらに、左手を上からおいてにぎるよ。強く握りすぎず、軽く握るでOK」

STEP2 決められた4つの形を確認する。

4つの手のつなぎ方を確認する。それぞれの手のつなぎ方を確認するときは手を離してもOK。

1)前向きのオープン：Step1のつなぎ方
2)前向きのクロス：表側を向き、自分の前で手をクロスして、隣の人と手をつなぐ。
3)後ろ向きのオープン：サークルの外側を向き、隣の人と普通に手をつなぐ。
4)後ろ向きのクロス：サークルの外側を向き、自分の前で手をクロスして、隣の人と手をつなぐ。

◉ゲームの種類

つながる

◉使う道具

スポットマーカー

◉想定人数

8名～何名でも

注意点

バレーボールコートのサイドラインが川幅。スポットマーカーの数は、人数より1枚少ない枚数を基本に、年齢やコミュニケーションの成熟度、身体接触の経験度などを考慮して増減する。またほかの物で代用する場合は、すべらない物を選ぶようにする。

バリエーション

●簡単にする場合

①スポットの数を増やす。②水に触れた人だけスタートに戻る（リスタートするときはみんながつながるまで前に進めない）。

●難しくする場合

①スポットの数を減らす。②1～3人、目かくしをする。③水の上では話せないルールにする。スポットの数など、難易度をチームで決定して行うと、より課題意識が高まる。

ふりかえりのしつもん

●どうして失敗が起きると思う？
●どんなコミュニケーションを工夫した？
●みんなで決めるときに、大切なことって何だろう？

08 マシュマロリバー

◉所要時間

45分

◉磨かれる能力

批判的思考／問題解決／意思決定／コミュニケーション／コラボレーション

準備

フラットマーカー（人数より1枚少ない数）

進め方

STEP1 1チーム8人程度のチームを作る。

何を行うかを説明する。

「まず1チーム8人のチームを作ってね。そのチームで、目の前にある川を、浮島（フラットマーカー）を使って渡るよ。浮島は1チーム7枚（人数より1枚少ない教）あるよ。上手に使ってね」

ルールと安全上の注意を伝える。

「浮島は、人が乗っているときは動かすことができないよ。また、だれかが触っていないと、流されてしまって二度と戻ってこないよ。渡るときは、全員が必ずつながっていることが条件。つながっている部分は、手でも足でも構わないよ。どこか途切れてしまったら、最初からやり直し。つま先だろうと、かかとだろうと、水にも一切触ることができないよ。1人でも水に触ったら、全員が最初からやり直し」

STEP2 20分間のチャレンジをスタートする。

「それでは、チャレンジスタート！」

◉ゲームの種類	◉使う道具	◉想定人数
チャレンジ	**ボール**	**8名～何名でも**

注意点

目をつぶる人はメンバーを忘れないこと。また、2人とも絶対に走らないで、歩くように伝えること。スタートしたら、3分ほどで役割を交替。活動中は安全第一。

バリエーション

目をつぶるのではなく、アイマスクやタオルで目かくししてもＯＫ
（とっさに危険を回避することができなかったりすることに注意）。

ふりかえりのしつもん

●どんな伝え方を工夫してみた？
●どのように伝えてほしかった？
●どうすれば、安心感を与えられたかな？

09 目かくしおにごっこ

◉所要時間

5〜10分

◉磨かれる能力

批判的思考／問題解決／意思決定／コミュニケーション／コラボレーション

準備

フリースボール数個(なければ、ほかのもので代用)

進め方

STEP1 2人組を作って、ルールと注意を伝える。

何を行うかを説明する。

「みんな、2人組のチームを作ってね。このゲームは、そのチーム同士でおにごっこをするよ」

ルールと安全上の注意を伝える。

「2人組のうち、ひとりは目をつぶる。もうひとりは目を開け、動き方を指示しながら一緒に歩くよ。ただし、目を開けている人は、自分のパートナー（目をつぶっている人）の体には触れず、ことばで情報を伝えるだけ。また、目をつぶっている人が、もし耐えきれなくなったり、危険だと思ったら、目を開けて構わないし、チャレンジも無理しないで、すぐパートナーと交替してもいいよ」

STEP2 ペアで打ち合わせをした後、おにごっこを始めます。

ルールと安全上の注意を伝える。

2人組で指示などの打ち合わせ（3分間）をした後、スタート。おにになったペアは、フリースボールを持って追いかけ、タッチする。タッチするのは、2人組のどちらでもＯＫ。参加ペアが多い場合は、おにが3組ぐらいいてもいい。

◉ゲームの種類
チャレンジ

◉使う道具
フラットマーカー

◉想定人数
8名～15名

注意点

●チャレンジゾーンでノーコミュニケーションなので、
話すこともアイコンタクトもジェスチャーもNG
●リラックスゾーンでは、話し合いはOKだが、
物を使って考えるのはNG。

バリエーション

チャレンジゾーンに入った後に、並び順を入れ替える
(自分のところだけでなく、全体の理解が必要になる)。

ふりかえりのしつもん

●コミュニケーションできないと、どんな気持ち？
●どんなことを伝えたかった？
●信じるってどういうことだろう？
●どうすれば、もっとよくなったと思う？

フラットマーカーの並べ方

10 トラフィックジャム

◉所要時間

30分

◉磨かれる能力

批判的思考／問題解決／意思決定／コミュニケーション／コラボレーション

準備

- 人数分のフラットマーカーと、色や形の違うマーカーをひとつ準備する（フラットマーカーは半円状に設置し、真んなかに色や形の違うフラットマーカーを置く）
- チャレンジゾーンをロープなどで区切る。

進め方

STEP1 向き合った2つのグループが、ルールに従って入れ替わる。

【ルール】

- 進行方向は変えられない。
- 目の前のフラットマーカーが空いていたら、一歩進むことができる。
- 向き合っている人は、ひとりまで越えて進むことができる。
- チャレンジゾーンでは「ノーコミュニケーション」。
- 2つのグループの全員が入れ替わったら成功。

進行を説明する（以下は例）。

「制限時間は30分です。30分の間、何度チャレンジしても構わないよ。ただし、チャレンジゾーンにひとりでも入ったら、全員コミュニケーションを取ることができないよ。チャレンジ中に失敗したと気づいたら、その時点で一度チャレンジゾーンを出てね」

◉ゲームの種類	◉使う道具	◉想定人数
チャレンジ	**布**	**10名～何名でも**

注意点

特になし

バリエーション

成功した後、「5分の制限時間で、さらに元に戻す」という設定にすると、今までよりもさらに課題へのコミットメントが全員に要求され、コミュニケーションが活発になる。

ふりかえりのしつもん

- ●どんなコミュニケーションが心地よかった？
- ●チャレンジするってどんな気持ち？
- ●どんなことを工夫して取り組んだ？

11 魔法のじゅうたん

◉所要時間

45分

◉磨かれる能力

批判的思考／問題解決／意思決定／学びの学習／メタ認知／コミュニケーション／コラボレーション

準備

布（チーム数分）

進め方

STEP1 全員が乗ったまま、布をひっくり返します。

何を行うかを説明する。

「魔法のじゅうたんに乗って空を飛んでいるよ。ところが、じゅうたんが故障！　全員が乗ったまま、これをひっくり返せば直すことができるけど、制限時間は15分。どうしたらよいかな？」

ルールと安全上の注意を伝える。

「布の大きさは、全員がギューギューに立って半分の面積に乗れるくらい。1チーム10人なら、シーツ1枚ぐらいの大きさになるよ。用意できる布の大きさに合わせてチームの人数を決めてみよう」

不可能に思える課題を解決することで、一体感が生まれる。

◉ゲームの種類
チャレンジ

◉使う道具
特になし

◉想定人数
10名～何名でも

【安全上の注意】
①バランスをくずしそうになったら、
　足を離してしっかりと立つこと。
②痛いときは、がまんしないで「痛い！」とはっきり言うこと。
③疲れた人は見学可。自分の体力に合わせて、チャレンジする。

注意点

体重の差を気にする子がいたら、大人が小さい子と一緒にやってみる。大切なのはバランス。

バリエーション

●目をつぶるのではなく、アイマスクやタオルで目かくしする。
●8人組を作ってチャレンジする。

ふりかえりのしつもん

●立つためには、何が必要だった？
●どうして、立ち上がれたと思う？
●バランスって何だろう？

12 スタンドアップ

◉所要時間

20分

◉磨かれる能力

批判的思考／問題解決／意思決定／学びの学習／メタ認知／コミュニケーション／コラボレーション

準備

特になし

進め方

STEP1 2人組になって一緒に立ち上がります。

何を行うかを説明する。

「これは体を使ったアクティビィティ！　でも、休力も体重も関係ないから、大丈夫だよ」

ルールと安全上の注意を伝える。

まずペアを作り、向かい合って体育座りして自分の足のつま先と、ペアの相手のつま先をくっつけ、手をつなぐ。その体勢のまま、「せーの！」で2人一緒に立ち上がる。バランスをくずして倒れそうになったら「無理をせず、足を動かして体を支えていい」と伝えておく。

STEP2 次は4人組でチャレンジします。

ルールと安全上の注意を伝える。

【ルール】

①自分の足と隣の人の足をくっつける。

②体育座りの状態(自分の足がくっついている)から始める。

③全員で手をつないでいる。

④全員で一斉に立ち上がる。

◉ゲームの種類	◉使う道具	◉想定人数
チャレンジ	フラフープ	10名～何名でも

注意点

●あまり人数が多いと待ち時間が長くなってしまうので、最大でも10数人ぐらいまで。
●それより多い場合は、グループに分ける。

バリエーション

「フープを手で持てない、固定できない」というルールをなくす。
（いろいろなアイデアが出るようになる）

ふりかえりのしつもん

●アイデアを出し合うとき、どんな気分？
●チームで課題を解決するには、何が必要？
●次にチャレンジするときは、何を大切にしたい？

13 フープリレー

◉所要時間

30分

◉磨かれる能力

批判的思考／問題解決／意思決定／学びの学習／メタ認知／コミュニケーション／コラボレーション

準備

フラフープ数本・ストップウォッチ

進め方

STEP1 全員で手をつないでサークルになる。

何を行うかを説明する。

「これからサークルになって、全員が手をつないだままでフープくぐりをします！」

ルールと安全上の注意を伝える。

「全員で手をつないでサークルになり、どこか1か所にフラフープを入れるよ。フラフープをくぐりながらまわしていって、またスタートの位置に戻すんだ。つないだ手は絶対に離してはいけなくて、フラフープを手で持ったり、どこかにはさんだりして固定させることもできないよ」

開始する。

「じゃあ、本番前に1回練習ね。どんな感じか確かめてください」
（こっそりタイムを計る）

STEP2 1周したらタイムを発表する。

ルールと安全上の注意を伝える。

「はい、1周したね。体に無理のある人はいませんか？　実は、いまのタイムはなんと△△秒だったよ。最初は、このタイムを破ることが目標！　時間は15分間。その間に何度チャレンジしても構わないよ」

◉ゲームの種類	◉使う道具	◉想定人数
仲よし	特になし	10名～何名でも

注意点

周囲にぶつかると危ないものや、つまづきやすいものがあれば注意を促す。

バリエーション

①1対1で行っていたメンバーがペアになって手をつなぎ、2対2のおにごっこに進化！
②すすめる方向を限定する。
●Aくんは、直進か、右に90度しか曲がれない。
●Bくんは、直進か、左に90度しか曲がれない。

ふりかえりのしつもん

●どうすれば、タッチできたかな？
●逃げてるとき、どんなことを考えてた？

14 ペアおにごっこ

◉所要時間

5〜10分

◉磨かれる能力

批判的思考／問題解決／意思決定／コミュニケーション／コラボレーション

準備

マーカーなどを使用して、場所を区切る。(20名で10m×10mを目安)

進め方

STEP1 2人組を作る。

何を行うかを説明する。

「これから、おにごっこをしよう！　でも、普通のおにごっこじゃなく、1対1のおにごっこだよ」

2人組を作り、おにを決める。

STEP2 ルールを確認しておにごっこをスタート！

ルールと安全上の注意を伝える。

「タッチされた人はその場で2回まわって、それから自分のパートナーを探して追いかけてね。1分後に逃げていたほうの勝ちだよ」

開始する。

「では、おにの人たちは真んなかに集まって目を閉じてね。逃げる人は好きなところに移動して。よーい、スタート！」

◉ゲームの種類	◉使う道具	◉想定人数
仲よし	特になし	10名～何名でも

STEP2 ルールと注意を伝えて開始する。

ルールと安全上の注意を伝える。

「このおにごっこは、3人組にはなれないよ。「ガッチャン」とされた反対側の人は逃げよう」

開始する。

「では、始めますよ！　よーいスタート！」

注意点

周囲にぶつかると危ないものや、つまづきやすいものがあれば注意を促す。

バリエーション

最初から男女ペア、大人と子どもペアにしておき、そのペアでないと「ガッチャン」できないルールにする。

ふりかえりのしつもん

- みんなで楽しむことができた？
- どうすれば、タッチされずに済んだかな？
- 身体を動かすってどんな気持ち？

15 ガッチャンおに

◉所要時間

10分

◉磨かれる能力

問題解決／意思決定／コミュニケーション／コラボレーション

準備

特になし

進め方

STEP1 2人組を作り、おに役を募集する。

何を行うかを説明する。

「これから、2人組のおにごっこをするよ。2人組で逃げるんじゃなくて、2人組になると休めるよ」

2人組を作る。

おに役を募集する。

ペアの一組に「おに」と「逃げる人、ビブス」の役をやってくれる人を募集する。おには、目印（フリースボールなど）を持ってもらうようにする。

「どこかのペアで「おに」と「逃げる人」をやってくれないかな？」

進行を説明する。

「2人組は、腕を組んで待機。そのとき、組んでいない反対側の腕も、腰に手をあてて空けておくんだ。おにひとり、逃げる人ひとりで、おにごっこを始めるよ。逃げる人は捕まりそうになったら、休んでいる2人組のひとりに「ガッチャン！」と言ってくっついて！」

◉ゲームの種類	◉使う道具	◉想定人数
チャレンジ	ストップウォッチ	10名～何名でも

STEP5 どうしたらもっと速くなるか、全員でアイデアを出し合う。

目標タイムをクリアできなくなったら、成功する方法について近くの人と話し合う。「どのようにしたら、目標タイムをクリアできる？2分ほど話し合ってみよう！」

注意点

Step2のチャレンジの際、さり気なくストップウォッチでタイムを計っておく。Step4あたりから「タイムを縮めること」に意識が集中し始める。目標設定は、少しずつ「ちょっと頑張れば達成できそう」な目標設定をしていく。慣れによってタイムはどんどん向上していき、最終的に30人で3秒を切るか切らないかくらいが最終目標になる。それ以上やると、たたき方がいい加減になったり、目標が達成できずにフラストレーションがたまったりするので止める。

バリエーション

特になし

ふりかえりのしつもん

●目標を立てるときに、大切なことって何？
●どんな目標だとやる気になる？
●アイデアを出し合うのって、どんな気持ち？

16 パタパタ

◉所要時間

30分

◉磨かれる能力

批判的思考／問題解決／意思決定／学びの学習／メタ認知／コミュニケーション／コラボレーション

準備

特になし

進め方

STEP1 順番に床をたたいて回していく。

何を行うかを説明する。

全員でサークルになり、床に両手を置き、順番に反時計回りに床を手でたたいて回していく。「いま手を反時計回りで順番に床をたたいていくよ。最初の人の右手がスタートで左手がゴールだよ」

STEP2 「なるべく早く回す」という目標でチャレンジしてみる。

「順番に床をたたけるようになったので、今度は『なるべく早く回す』を目標にチャレンジしてみよう！」

STEP3 目標タイムを決めて手をたたいていく。

「実はいま、こっそりタイムを計っていたんだ。いまのタイムは12秒73でした。これを参考にして目標タイムを決めてからチャレンジしてみよう！　目標タイムは何秒にする？」（子どもの目標を確認する）「では、目標は『10秒を切る』ね。よーい、スタート！」「タイムは…7秒36！」

STEP4 タイム短縮に一度成功したら、スモールステップの目標設定をし、どんどん成功体験を積む。

「じゃあ、次の目標は？」

おわりに

「どんな学びがあった？」

かばん持ちをしていた10年前、尊敬する師匠マツダミヒロさんからこう問いかけられても、最初はほとんど答えられませんでした。体のいい表現で取り繕って、その場を済ませようとしたこともあります。打ち合わせや講演会、特別な食事の席など、多くの時間に同席させてもらっていたはずなのに、冒頭の問いの答えがいっこうに浮かばず、自分自身を責めたくもなりました。当時のぼくは「経験すること」が目的となってしまい、経験を学びに変えることができないでいました。

けれど、ことあるごとにふりかえりの機会をもらえたことに救われました。「どんなことを感じた？」「どんな学びがあった？」「どのように活かしたい？」答えがわからなくてもいいという安心感、そして幾度もの経験と問いかけを通じて、頭と体に染み渡り、自分のものとなり、いまは選手や子どもたちに問いかける立場になりました。

ぼくにはトップアスリートとしての経験はありません。けれど、彼らの経験を体験で終わらせず、学びに変え、成長のサポートをすることはできます。

アイスホッケー大国であるカナダに行って、ひとまわりもふたまわりも体格に勝る対戦相手に跳ね返されながらも何度も挑み続ける子どもがいます。一方で、その体格差に臆し、腰が引けてしまう子どももいます。

まだ若い彼らにとっては、どちらもとても貴重な経験。小さいながらも工夫を重ねる術を知ることもできれば、次こそは成長してチャレンジするんだと意欲を高める選手もいます。重要なことは、体験で終わらせず、学びに変え、次に生かすことなのです。

けれど、すべてを学びに変える必要もありません。本書で紹介した「遊び」のように、体験すること自体が目的でもいいのです。未来のためにいまを犠牲にするのはもうやめて、いまをより楽しむことを通じて、結果的に学びが身につくことがたくさんあります。

「何度言ったらわかるんだ？」

このことばは「経験を学びに変えられていない現状」を教えてくれます。失敗やミスを叱りつけるだけでは、ぼくらは学ぶことができません。

「どうしてうまくいかなかったのか?」「どうすれば良くなるのか?」。

子ども自身がふりかえり、経験を学びに変える機会が必要です。


今日もぼくは問いかけます。

そして、本書があなたの経験を学びに変えるきっかけとなったらとてもうれしいです。


今回、出版にあたりご協力いただいたみなさま、日頃アドバイスしてくださる方々に感謝申し上げます。『サッカー大好きな子どもが勉強も好きになる本』に続き、新しい分野へ挑戦する経験をいただいた担当編集者のご協力がなければ、この本は生まれませんでした。

また、しつもんを活用し、子どもや選手と接するしつもんメンタルトレーニングのトレーナーやインストラクターの仲間にも本当に感謝しています。ありがとう。

そして本書の内容を考えるにあたり、流通経済大学の学生のみんなと新天地でチャレンジすることとなった友人の寺中祥吾さんに感謝を伝えたいです。ありがとう。

そして、小さな頃から「やってみたら？」とぼくの好奇心を大切にし、多くの経験をさせてくれた両親に感謝します。失敗したことの方が多いけれど、そのおかげで子どもたちに寄り添って伝えられることも多くなったよ。本当にありがとう。

最後になりますが、本書を手に取ってくださったあなたに感謝いたします。どこかでお会いできることを楽しみにしています。

しつもんメンタルトレーニング主宰　藤代圭一

参考文献

『職場が生きる 人が育つ「経験学習」入門』『部下の強みを引き出す 経験学習リーダーシップ』（松尾睦／ダイヤモンド社）、『経験と教育』（ジョン・デューイ／講談社）、『CHANGE 僕たちは変われる 日本フェンシング協会が実行した変革のための25のアイデア』（太田雄貴／文藝春秋）、『クラスのちからを生かす：教室で実践するプロジェクトアドベンチャー』（プロジェクトアドベンチャージャパン／みくに出版）、『21世紀型スキル：学びと評価の新たなかたち』（三宅なほみ監訳・ほか／北大路書房）

藤代圭一（ふじしろ けいいち）

一般社団法人スポーツリレーションシップ協会 代表理事。「教える」のではなく「問いかける」ことでやる気を引き出し、考える力を育む『しつもんメンタルトレーニング』を考案。全国優勝チームや日本代表チームなどさまざまなジャンルのメンタルコーチを務める。全国各地のスポーツチームや学校教育の現場などでワークショップを開催し、スポーツ指導者、保護者、教育関係者から「子どもたちの目が変わった」と高い評価を得ている。2016年からはインストラクターを養成。著書に『スポーツメンタルコーチに学ぶ！　子どものやる気を引き出す7つのしつもん』（旬報社）、『サッカー大好きな子どもが勉強も好きになる本』（G.B.）がある。

しつもんメンタルトレーニング　http://shimt.jp

STAFF

編　　集　木村伸司（G.B.）
編集協力　間山智賀
営　　業　峯尾良久（G.B.）
A　　D　山口喜秀（Q.design）
装　　丁　深澤裕樹（Q.design）
D T P　G.B. Design House
校　　正　ペーパーハウス

惜しい子育て
経験させるだけで満足していませんか？

初版発行　2020年3月31日

著　者　藤代圭一

発行人　坂尾昌昭
編集人　山田容子
発行所　株式会社G.B.
〒102-0072　東京都千代田区飯田橋4-1-5
電話　03-3221-8013（営業・編集）
FAX　03-3221-8814（ご注文）
https://www.gbnet.co.jp

印刷所　音羽印刷株式会社

ISBN 978-4-906993-86-4